Tilman Röhrig

Sagen & Legenden
aus dem
Bergischen Land

REGIONALIA

Tilman Röhrig

Sagen & Legenden
aus dem
Bergischen Land

REGIONALIA

Röhrig, Tilman: Sagen und Legenden aus dem Bergischen Land

Copyright © 2012 by Regionalia Verlag GmbH, Rheinbach
Alle Rechte vorbehalten
Illustrationen: Christiane Flock

Printed in Poland

ISBN 978-3-939722-62-5

www.regionalia-verlag.de

Inhalt

Rosen für das Bergische Land 7
*Dort im Verborgenen wächst die Knospe unserer neuen Heimat.
Sagt ihm auch, dass die Bruderliebe ein starkes Band ist.
Lass mich nicht allein zurück.*

Die Daumenklemmer von Ratingen 19
*Weil ihr mich vertrieben habt,
so soll euch dieser Name
ewig anhaften!*

Kunigunde von Nesselrath 28
*Der Krieg ist kein Spiel.
Ganz gleich, wo er geführt wird.
Er bedeutet immer Verlust.*

Das Zwergjunkerlein von Kohlfurth 37
*Ich lass mich nicht lumpen.
Ich mach ihn zum schönsten Zwerg
im Wuppertal.*

Das Gottesurteil von Burg 48
*Zum Teufel mit euren Gesetzen!
Sie sind schlecht!*

Der Schneider von Wald und
das teuflische Geschäft 59
*Besser wird's.
Mir fällt schon was ein.*

Der Kipphäuser von Refrath 76
*Glaubt mir doch! Er kann euch
nichts mehr anhaben.
Ein Wiedergänger ist
ein Verdammter ohne Macht!*

Die Erbschleicher von Elberfeld 89
Ihr werdet's sehen.
Wenn er mal tot ist,
sind wir reich!

Der Teufelsbanner im Neandertal 100
Ich hatte den Satan gut gepackt,
doch er wehrte sich
mit Klauen und Zähnen.

Die Junkersteuer zu Düsseldorf 113
Wovon sollen denn
die ständig wachsenden
Gehälter der Beamten bezahlt werden?

Die Schatzgräber von Schlehbusch 124
Ich bin nicht feig.
Aber mit der Hölle kämpf ich nicht.

Der Spielkäffer vom Bergischen Land 138
Fort mit allen Tieren,
die keine Knochen haben.

Liegt nicht so träg da rum.
Auf! Ihr Faulenzer!
Jetzt spiel ich euch den Hupf!

So etwas kennt man
in meinen Kreisen nicht.

Lange halt ich das nicht aus.
Die Tierchen wirst du niemals los.

Nachwort 155

Literaturverzeichnis 158

Rosen für das Bergische Land

Dort im Verborgenen wächst die Knospe unserer neuen Heimat.

"Der junge König und ich geben dir, Adolf, diese Unsere Gebiete rechts des Rheins zum Lehen."
Kraft und Treue hatte er bewiesen. Unerschütterlich hatte er dem mächtigen Kölner Erzbischof Anno zur Seite gestanden, bis Pfalzgraf Heinrich der Wütende 1060 geschlagen und dem furchtbaren Plündern, Morden und Brennen ein Ende gesetzt worden war. Verbrieft und gesiegelt erhielt der tapfere Ritter den wohlverdienten Lohn. Es waren keine reichen Lehen, kaum gerodete, keine großen, noch nicht einmal zusammengehörende Königsgüter.
Die Getreuen des bärtigen Grafen ließen die Schultern hängen, wagten sogar, hinter vorgehaltener Hand zu murren.
Von Deutz aus wies Adolf zu den nahen Wäldern und Anhöhen hinüber. "Verzagt nicht, Männer! Dort im Verborgenen wächst die Knospe unserer neuen Heimat. Sie

wird aufblühen, mächtig und unübersehbar. Das schwöre ich, bei meiner Ehre."
Verblüfft hielten die Gefolgsleute den Atem an, noch nie hatten sie solch lange und blumige Rede aus dem Mund ihres Herrn vernommen. Für ihn gab es kein Hü und Hott, kein Vielleicht und Beinah, vor allem kein unnützes Geschwätz um eine Sache, wie man es in Köln an jeder Straßenecke hören konnte. Er war ein Mann der Tat, aufrecht, streng, und die Ritterehre bedeutete ihm mehr als sein Leben.

Ohne Widerspruch folgten die Mannen dem Grafen in die Wildnis. Entlang des Ufers der Dhünn schlugen sie sich den Weg durch das Dickicht. Adolf hob den Blick und entdeckte eine schroffe Felshöhe. Kühn ragte sie über dem Tal. Hoch im Blau des Himmels zog der Adler seine Kreise. Nur ein steiler, steiniger Weg führte hinauf zum Bergsporn. Der Graf ballte die Faust. „Das ist mein Platz." Er war leicht zu verteidigen und hoch genug, um das Gebiet weit zu übersehen. „Dort oben soll meine Burg stehen."

Wie es seiner Art entsprach, gab er der kleinen Feste schlicht den Namen Burg Berg und nannte sich selbst von nun an Adolf, Graf von Berg.

Auch nach dem Tod Annos blieb er ein zuverlässiger Verbündeter des Kölner Erzstuhls und diente in beharrlicher Treue seinem König Heinrich.

War alles wohlgeordnet?

Erst spät kam Adolf der Gedanke, dass ein Graf für Nachkommen zu sorgen hätte. Sein Bart war längst grau geworden, als er im letzten Jahrzehnt des 11. Jahrhunderts die junge Adelheid, eine Großnichte der Königin, zur Frau nahm. Stolz erfüllte Adolf, denn mit seiner Braut gelangte er zu ausgedehntem Landbesitz im Wupperbogen. Welch ein Heiratsgut. Welch eine Hochzeit!

Adelheid war schön, und ihr Lächeln gewann die Herzen der Berger. Bald kündeten Fanfaren die Geburt eines Sohnes. Stark wie ein Eber sollte der Knabe werden und wurde Eberhard getauft. Zufrieden nickte der Graf.

Im Herbst brachte ein Bote den Befehl des Königs. „Sobald das Frühjahr anbricht, zieht ein Heer nach Böhmen. Wir, Heinrich, erwarten, dass Unser Freund, Graf Adolf, mit seinen Kämpfern Uns in diesem Krieg zur Seite steht."

Keine Fragen, kein Wenn und Aber, der Herr von Berg rüstete während der kalten Monate und bestimmte für die Zeit der Abwesenheit einen seiner Gefolgsleute zum Vogt über Burg und Besitz.
Endlich lockerte der Winter die frostige Faust. Als der Schnee schmolz, das Eis brach und unten im Tal das Wasser der Dhünn über die Ufer trat, schnaubten die Pferde am Tor. Das Schwert gegürtet, auf Schild und Lanzenspitze blinkte die Morgensonne, der kleine Trupp war bereit zum Aufbruch.
Oben im Saal beugte sich Graf Adolf zum letzten Mal über die Wiege, dann drückte er kurz den Arm seiner jungen Frau und ging zur Tür. Sein Schritt dröhnte auf den Holzbohlen.
Adelheid legte die rechte Hand über den Leib und rief ihm nach: „Warte. Ich muss dir sagen ..."
Ohne sich umzuwenden, schüttelte der Graf den Kopf. „Nicht jetzt. Später, wenn ich aus dem Krieg zurückkomme."
„Wann wird das sein?" fragte sie angstvoll.
„Später." Die Tür fiel ins Schloss.
Vom Fenster aus blickte die Alleingelassene dem Trupp nach, wie er den steilen Weg hinuntertrabte, vornweg, an der Spitze glänzte der Helm des Grafen. Mit beiden Händen schützte sie den Leib, und Tränen rannen ihr über die Wangen.
Im Sommer schenkte Adelheid zwei kräftigen Knaben das Leben, und bald schon verwandelte sich der Rittersaal in eine große Kinderstube. Liebevoll umhegte sie mit Hilfe der Amme ihre Söhne. Zwischen beiden Wiegen lag Eberhard still auf einer Decke, nur manchmal versuchte er, nach dem kleinen Holzball zu greifen, den die Mutter vor ihm hin- und herrollte. „Du bist nicht so stark wie deine Brüder." Zärtlich hob sie das Kind auf. „Um so mehr liebe ich dich."
Monate. Ein Jahr ging ins Land. Noch immer war Adolf nicht zurückgekehrt. Erst verstohlen, dann offen verfolgte sein Stellvertreter mit unzüchtigen Blicken die schlanke Gräfin, stellte ihr nach, und schließlich bedrängte er sie. „Ich bin jung." Und: „Sicher ist dein Mann längst gefallen." Und: „Zier dich nicht!"

Entrüstet stieß ihn Adelheid zurück. Der Vogt gab nicht auf. In hellem Zorn drohte sie ihm, bei der Rückkunft des Herrn alles von seiner Schamlosigkeit zu offenbaren. Fluchend stürmte der Abgewiesene hinaus.

Am nächsten Morgen war der Burgvogt verschwunden. Er sei nach Böhmen aufgebrochen, berichteten die Stallknechte.

Kaum war ein Monat vergangen, da kündeten Hornrufe unten im Tal der Dhünn die Rückkehr des Grafen an.

Mit schwerem Schritt betrat Adolf den Saal. Seine Gemahlin lachte ihm entgegen. Grob stieß er sie zur Seite und starrte auf die drei Kinder hinunter. Unbekümmert spielten sie miteinander. „Mein Eberhard. Und zwei Bastarde", knurrte der Graf.

Adelheid schüttelte den Kopf. „Es sind deine Söhne, alle drei. Vor deiner Abreise wollte ich ..."

„Du konntest nicht warten." Damit fasste die Hand nach dem Schwert. „Mein treuer Burgvogt hatte recht." Schon riss er die Klinge aus der Scheide.

„Er lügt. Bei der Heiligen Mutter Gottes, er lügt."

„Du hast meine Ehre besudelt." Er stach ihr den Stahl tief ins Herz.

Adelheid sank zu Boden. Verzweifelt warf sich die Amme über ihre leblose Herrin.

„Schafft mir diese Bastarde aus den Augen." Mit aschfahlem Gesicht bestimmte Adolf, dass man sofort beide Kinder unten an der Dhünn, irgendwo im Dickicht des Waldes aussetzen sollte. So sehr die Amme um das Leben der Hilflosen flehte, kein Wenn und Aber, der grausame Befehl war ausgesprochen, und ein Knecht entriss ihr die verstoßenen Kinder.

Seine Ritterehre war wiederhergestellt. Doch jedes Lachen erstarb auf Burg Berg. Mit leerem Blick saß Graf Adolf da. Sein Herz wurde ihm zur steinernen Last. Alle Kämpfe, das mühsam Erreichte, sein Lebenswerk, alles das schien mit einem Mal so wertlos geworden zu sein.

Nach Tagen hielt es den Knecht nicht länger. Er hatte die schutzlosen Kinder ausgesetzt. Wenn ihm die Amme begegnete, wich er zur Seite. Ihr stiller Blick

klagte nicht an, ihre gefasste Ruhe ertrug er nicht. Schuld, Zweifel und Reue wühlten ihn auf, gaben ihm schließlich den Mut, sich über den Befehl seines Herrn hinwegzusetzen und trieben ihn aus der Burg.
Entschlossen eilte er den steinigen Weg vom Berg hinunter zur Dhünn. Er warf sich ins Dickicht, drängte weiter zur Stelle, an der er die Knaben ihrem sicheren Tod überlassen hatte. Schon näherte er sich dem kleinen Wiesenplatz. Eine warme, behütende Stimme! Hastig schob er Zweige und Blätter zur Seite. Der Knecht erstarrte.
Vor ihm, auf der vom Sonnenlicht durchfluteten Lichtung, war eine Hecke wilder Rosen gewuchert. Im dornigen Geviert der blühenden Pracht beugte sich eine weißgekleidete Frau über die Kinder. Zärtlich hob sie einen der Jungen auf, streckte ihn hoch über ihren Kopf, bis er hell jubelte vor Glück. Lachend küsste sie das Kind, setzte es ab und ließ den Bruder hoch in der Luft schweben.
„Ein Wunder", stammelte der Knecht, wandte sich um und stürmte zurück. „Ein Wunder!" Er riss die Saaltür auf und stürzte vor seinem Herrn nieder. „Ein Wunder ist geschehen!"
Atemlos berichtete er von der Dornenhecke, die schützend um die Kinder gewachsen war, vom Meer der Rosen, immer wieder von der Frau im weißen Gewand. „Herr, die Knaben leben. Die Heilige Jungfrau selbst beschützt sie."
Die Starre fiel Adolf von den Schultern, das Herz des alten Mannes wurde weit und leicht. „Bring meine Söhne zurück."
Sofort befahl er den Burgvogt zu sich. Die Fragen waren kurz und hart. Kläglich zerbrach das Lügengebilde, und zitternd flehte der Vogt um Gnade.
Adolf furchte die Stirn. Zum ersten Mal überlegte er länger als gewöhnlich, auch ihn traf Schuld am Tod seiner Frau, schließlich entschied er: „Kein Blut für Blut. Aus meinen Augen. Hinweg mit dir aus meinem Bergischen Land!" Ohne Pferd und Waffen ließ er den Schändlichen davonjagen.
Von der Amme wurden die geretteten Söhne festlich gekleidet. Adolf und Bruno. Der kaum ältere Bruder Eberhard durfte ihnen Rosenblätter ins Tauf-

wasser streuen. Graf Adolf hielt eine der weißen Blüten hoch. „Die wilde Rose soll von heut an das Wappenzeichen der Herren von Berg sein." Er blickte hinunter ins Tal der Dhünn. „Dort, wo die Dornenhecke steht, werde ich zum Dank und zur Ehre der Muttergottes eine Kapelle errichten."
Nach der Taufe seiner Söhne wurde die Feier auf Burg Berg zu einem rauschenden Gelage.

Bruno war ausersehen, der Kirche zu dienen, zwischen Adolf und Eberhard sollte einmal die Herrschaft über seinen Besitz geteilt werden, für den einen die Grafschaft Berg, für den anderen die Gebiete der Mark.
Mit Sorgfalt ließ der Graf die jungen Männer ausbilden, und als er im hohen Alter auf dem Sterbebett lag, standen drei stattliche Söhne vor dem Vater. Bruno genoss den Schutz und die Gunst des Kölner Erzbischofs. Die beiden älteren Brüder wollten das Land nicht teilen, sie waren entschlossen, Grafenwürde und Last des Amtes in Frieden und gemeinsam zu tragen.
Stolz blickte der Sterbende auf sein Lebenswerk zurück, das nur getrübt war durch den so frühen und furchtbaren Tod seiner Frau. „Unser Land ist wie ein wilder dorniger Rosenstock", murmelte er und hob die Hand. „Pflegt ihn. Sorgt, dass die bergische Rose weiterblüht." Damit starb der erste Graf von Berg.

Sagt ihm auch, dass die Bruderliebe ein starkes Band ist.

Der junge Adolf sprühte vor Kraft, seine Begeisterung riss alle Freunde mit, seine Kühnheit wurde von den Feinden gefürchtet. Eberhard ersetzte körperliche Schwäche durch Besonnenheit und Weitsicht. In tiefer Zuneigung vereinten die Brüder ihre Gegensätze zu einem machtvollen Zweiklang, und mit jedem Jahr wuchs das Ansehen der Grafen von Berg.
Lange schon war der kleine Stammsitz für beide Herren zu eng. Nicht weit entfernt fand Adolf über dem Wupperufer eine steile Berghöhe. Mit Einverständnis

des Bruders ließ er dort oben seine großzügige Burg errichten, die Anlage dehnte sich bis zum Rand der jäh abfallenden Felswände.

Wie ihr Vater waren die Grafen sparsam in der Namensgebung, und so nannten sie ihre Feste an der Dhünn die Alteburg und den Sitz über der Wupper die Neueburg. Oft bei Sonnenaufgang stieg jeder der Brüder auf seine höchste Zinne und setzte das Jagdhorn an. Hell schwang sich der Morgengruß über Wipfel und Höhen von Burg zu Burg. So konnte ein guter Tag für das Bergische Land beginnen.

Dann, im Jahre 1127, bat der Jugendfreund Walram von Limburg die Grafen von Berg und Mark um Beistand. Auf friedlichem Weg war seine Erbstreitigkeit mit dem Brabanter Herzog nicht beizulegen. Treue und Zuverlässigkeit gehörten zur Tugend der Berger, also rüsteten sie, vereinten sich mit den Truppen des Limburgers jenseits der Maas und gingen in der Gegend des Klosters Morimund ins Treffen.

Pferdeleiber prallten gegeneinander. Blut, Schild gegen Schild, zerfetzte Kettenhemden, Schreie, Krieger wälzten sich im Todeskampf, Hufe zerstampften die Sterbenden. Da blitzte eine Streitaxt, der Hieb traf Eberhard, durchschlug den Helm, von der Stirn bis tief ins Gesicht klaffte eine Wunde, und reglos stürzte der Ritter vom Pferd. Toben, Hauen und Stechen gingen über ihn hinweg. Bis zum Abend dauerte das Schlachten. In der Dämmerung schwieg das Kampfgetöse, der Brabanter war besiegt, und die Erde dampfte vom Blut der mehr als 800 Gefallenen.

Triumph! Doch kein Jubel bei den Bergern und Märkischen. „Wo ist mein Bruder?" fragte Graf Adolf, schrie: „Eberhard!", befahl: „Sucht meinen Bruder!"

Sie schwärmten aus, stiegen über die Kadaver der Pferde, wälzten die zerhauenen Krieger auf den Rücken. Doch im Tod glich einer dem anderen. Und immer wieder: „Eberhard!" Allein vom Schlachtfeld kam keine Antwort. Nicht wie ein Sieger, barhäuptig verließ Graf Adolf die Stätte des Elends und gab den Befehl, in die Heimat zurückzureiten.

Fahles Mondlicht lag über dem Feld. Eberhard erwachte aus der Bewusstlo-

sigkeit. Auf ihm lastete das Gewicht zweier Toter. Mit letzter Kraft befreite er sich von den reglosen Leibern. Er roch das vergossene Blut, und Ekel würgte ihn. „Dieses sinnlose Morden..." Der Graf rang nach Atem und leistete den Schwur: „Nie mehr werde ich das Schwert ergreifen."
Nach Stunden erst gelang es ihm aufzustehen. Taumelnd irrte er durch die Nacht. Am Ufer eines Bachs stürzte er, und besinnungslos blieb der Schwerverletzte liegen. Als er die Augen aufschlug, blickte er in das Gesicht eines Mönches. „Du wirst gesund." Der fromme Mann lächelte." Wir Zisterzienser roden nicht nur und bestellen das Land, wir verstehen uns auch darauf, Wunden zu heilen, ganz gleich, wie tief sie sind." Er tränkte ein Tuch mit Kräutersäften und legte es dem Kranken auf die Stirn. „Wer bist du? Sag mir deinen Namen."
„Eberhard", flüsterte der Graf von Berg und Mark, seinen Titel verschwieg er, dachte noch, wie weich das Lager ist und sank in sich zurück.

Zu Hause im Bergischen fand Adolf keine Ruhe. Niemand hatte Eberhard auf dem Schlachtfeld gefunden! Der Bruder gab den geliebten Bruder nicht verloren.
„Es war Gottes Wille", versuchte seine Gemahlin zu trösten, „finde dich damit ab."
Allein die Hoffnung blieb in Adolf wach. Unbeirrt ließ er nach Eberhard suchen und versprach hohe Belohnungen.
Drei Jahre waren zäh vergangen, als zwei bergische Ritter jenseits der Maas vom Weg abkamen, lange ritten sie querfeldein, suchten, doch sie fanden nicht zur Straße zurück. Am Waldrand trafen sie im niedrigen Gehölz auf einen Hirten, der die Säue hütete. Er war groß und schlank, eine zerschlissene, ausgebleichte Kutte hing ihm von den Schultern, die noch beinah weiße Kapuze hatte er tief in die Stirn gezogen. „Zu wem gehörst du, Bruder?"
Stumm wies der Hirte mit dem Stock über die Wiesen zum entfernten Klosterhof hinüber.
„Wie heißt das Kloster?"
„Morimund", antwortete der Mönch, ohne den Kopf zu heben. Die Ritter sprangen vom Pferd. „Wird man uns dort ein Nachtlager geben?"

Nur ein Schulterzucken.

Einer der Herren bückte sich vor und sah dem Schweigsamen ins Gesicht. Sofort zuckte er zurück, winkte den Gefährten näher, auch der bückte sich und erschrak. „Wer bist du?" Dann wussten es beide. Sie beugten das Knie. „Graf Eberhard", flüsterten sie ehrfürchtig.

Der hochgewachsene Mann blickte still auf die Knienden hinunter.

Sie berichteten von der Trauer, von der Verzweiflung, die Adolf von Berg seit der verhängnisvollen Schlacht ergriffen hatte.

Lange schwieg Eberhard. Endlich schob er die Kapuze aus der Stirn und zeigte die tiefe, blutrote Narbe. „Das alte Leben habe ich abgestreift. Auf meiner Pilgerfahrt nach Rom und zum Grab des heiligen Jakobus habe ich Demut gelernt und bin hierher zurückgekehrt. Niemand im Kloster kennt meine Herkunft. Im Verzicht ist mein Leben reich geworden." Ein Lächeln glitt über das entstellte Gesicht. „Grüßt meinen Bruder, doch sagt ihm, dass ihr nicht den totgeglaubten Graf Eberhard von Berg und Mark gefunden habt. Grüßt ihn vom Sauhirt Eberhard, dem geringsten der frommen Männer des Klosters Morimund." Seine Augen wurden nass. „Sagt ihm auch, dass die Bruderliebe ein festes Band ist."

Die Nachricht vertrieb alle Wolken über dem Berger Land. Lachen begleitete den wilden Ritt des Grafen Adolf und seiner Männer bis zum Kloster Morimund. Stürmisch umarmte er den Bruder. „Nichts soll uns je wieder trennen. Komm mit in die Heimat, lass uns leben in unserm herrlichen Land!"

Ernst und voll Ruhe wehrte Eberhard ab. „Begreife doch. Jeder weltlichen Macht habe ich entsagt. Ich bin ein Zisterzienser geworden. Nie werde ich mein Gelübde brechen."

Adolf überlegte nicht lange. „Ja, Bruder! So soll es bleiben. Ja, du sollst auch weiter in einem Kloster leben." Er lachte und ballte die Faust. „Doch nur einen Hornruf von mir entfernt. Wir schenken dem Orden der Zisterzienser unsern Stammsitz. Oben über der Dhünn, auf der Alteburg, soll dein Kloster sein."

Jetzt lächelte Eberhard.

Und im Jahre 1133 kehrte er in Begleitung von zwölf Ordensbrüdern ins Bergische zurück. Eine Glocke läutete, während sein dritter Bruder, Erzbischof Bruno II. von Köln, das kleine Stift auf dem Felsen über der Dhünn weihte.
Schlicht war der Name: Kloster Altenberg. Bergisch sparsam nahm man später der Feste über der Wupper das Neue und nannte sie nur noch Burg.
„Benedictus montem, Bernardus vallem amabat!"
Ja, den Zisterziensern geziemte es nicht, hoch oben auf einem Berg zu wohnen. Schuldbewusst erinnerten sich die Brüder an diese Ordensvorschrift. Ohnehin arbeiteten sie lieber im Tal, rodeten und ackerten. Jeden Morgen von der Höhe hinabzusteigen, war den meisten der frommen Männer schon lange zu beschwerlich. Außerdem wuchs die Zahl der Mitbrüder von Jahr zu Jahr, und das holzgezimmerte Burghaus bot ihnen längst nicht mehr genug Raum.
„Wir ziehen ins Tal", beschloss Abt Berno im Jahre 1145, und Bruder Eberhard pflichtete ihm bei. Am Baugeld solle es nicht fehlen, versprach Graf Adolf von Berg.
Doch wohin? Die Mönche setzten sich zusammen und berieten. Der eine schlug vor: „Weiter oberhalb im Tal." Der andere: „Weiter unterhalb." „Oder vielleicht weiter nach hinten im Tal." „Oder besser doch ganz dicht hier vorn."
Abt Berno war ein demütiger Mann. „Gott soll entscheiden!"
Was lag näher, als dem Tier, auf welchem der Herr in Jerusalem eingeritten war, die Wahl zu überlassen. So schmückten sie den Esel mit dem Rosenwappen des Klosters und banden ihm die Kiste mit allem Baugeld auf den Rücken. Sie schickten ihn allein den steilen Weg hinunter.
In ehrfürchtigem Abstand folgten die Frommen. Jeder trug die schönste weiße Kutte, knöchelfrei geschürzt vom schwarzen Gürtel. Es war ein heißer Tag. Das kluge Tier trottete bis zur Dhünn, noch ein Stück das Ufer aufwärts, dort, wo der Kaibach sich glucksend in den Fluss schlängelte, grünte im Schatten der Bäume eine saftige Wiese. Ein paradiesischer Fleck! Genüsslich legte sich der Esel ins Gras.
„An diesem Platz setzen wir den Grundstein!" frohlockten die Mönche." Gott hat es so gefügt!"
Eberhard lächelte. Ganz in der Nähe war damals die Wildrosenhecke als Schutz

für seine Brüder gewachsen, dort stand die kleine Kapelle, die sein Vater zum Dank hatte errichten lassen.

Zisterzienser sind tüchtige Arbeiter, und rasch wuchsen die Mauern des Klosters Altenberg im Tal der Dhünn. Gestrüpp und Bäume wurden gefällt, dankbar sangen die Mönche, als die erste Ernte sicher in Scheuer und Vorratskammer eingebracht war.

Lass mich nicht allein zurück.

Auf der Burg saß Graf Adolf am Lager seiner Gemahlin, hielt die Hand der Kranken, bis der Tod sie sanft hinwegführte. Müde stand der Herr von Berg und Mark am Fenster und blickte die Felswand hinunter ins Tal der Wupper. Bunt war das Laub, schon trieb der Wind erste Blätter vor sich her. Adolf fühlte den Herbst nahen. Er wollte nicht allein und in Einsamkeit hier oben warten, bis der Winter sein Leben erstarrte.

Bald legte er den Grafenmantel ab, übergab Macht und Pflicht dem Sohn und betrat als Mönch das Kloster Altenberg.

Die Brüder waren wieder vereint, und gemeinsam durften die weißhaarigen Männer noch stille, friedvolle Jahre verbringen, bis sich Eberhard im Mai 1152 auf das Sterbebett legte.

„Lass mich nicht allein zurück", bat Adolf.

Lächelnd berührte der erschöpfte Bruder die Lippen des Bruders. „Gott ist gnädig. Er wird dir ein Zeichen geben. Du musst nicht lange warten." Voll Ruhe legte Eberhard die Hände auf der Brust zusammen. „Bete für mich." Damit schloss er die Augen.

Jeden Morgen ließ sich der alte Graf im Mönchschor auf seinem Stuhl nieder und verbrachte eine Stunde in Andacht und Gedenken an den geliebten Bruder.

Auch am 9. Oktober betrat er den stillen Raum. Als er seinen angestammten Platz erreicht hatte, stockte der gebrechliche Mann. Aus dem hölzernen Sitz des Stuhls

spross eine weiße Rose. Die Blüte war nicht voll aufgebrochen, und Tau perlte an ihrem Kelch. „Ich danke dir."
In seiner Zelle ordnete Adolf die wenige Habe, verabschiedete sich von den Mitbrüdern und folgte Eberhard am dritten Tag.
So blieb es im Kloster Altenberg. Wenn ein Mönch abberufen wurde, fand er drei Tage vor seinem Tod solch taunasse weiße Rose, die über Nacht aus dem Holz seines Chorstuhls gewachsen war.

Das Kloster erblühte. Viele fromme Männer zog es von nah und weit ins Tal der Dhünn, um dem Orden der Zisterzienser beizutreten. Auch der kräftige, lebensfrohe Bruder Gandolf klopfte an die Pforte. Er packte tüchtig zu und scheute vor keiner Arbeit draußen auf dem Feld zurück. Nur die tägliche Einkehr, die Stille im Chorraum, diese Pflicht fiel ihm schwer.
Eines Morgens wuchs die weiße Rose aus seinem Betstuhl.
„Jetzt noch nicht", stammelte der junge Mönch. „Mein Leben beginnt doch erst. Und draußen ist der Acker nicht einmal gepflügt." Er riss die Rose aus dem Holz und legte sie hastig auf den Stuhl seines Nachbarn.
Da öffnete sich der Kelch. Aus dem Herzen der Blüte quoll ein Blutstropfen, wurde größer und färbte die Rose in ein dunkles Rot.
Ohne Klage nahm der Mitbruder das Wunderzeichen an und starb am Morgen des dritten Tages.
Gandolf pflügte den Acker. Gegen Mittag fanden ihn die Brüder. Leblos lag er in der aufgebrochenen Scholle.
Und nie mehr kündete im Kloster Altenberg die taunasse weiße Rose vom nahen Tod eines Bruders.

Die Daumenklemmer von Ratingen

Weil ihr mich vertrieben habt,
so soll euch dieser Name ewig anhaften!

Lasst ab von euren falschen Göttern!" Die Ohren der Ratinger waren rot geworden. Mit jedem neuen Satz dieses Suitbert glühten sie mehr, und die Empörung wuchs in den breiten, eckigen Köpfen.

Vom Marktplatz aus wies der hagere Prediger über die Hütten in Richtung des heiligen Hains, dort wo die sieben großen Opfersteine lagen. „Schlachtet nicht länger weiße Fohlen für Wodan. Lasst ab vom Götzendienst." Der schmächtige Suitbert mit der mächtigen Stimme lachte in die erstarrten Gesichter der Männer und Frauen. „Zieht eure schönen Pferde auf und reitet sie." Er hob die Hände. „Hört auf das wahre Wort. Es gibt nur ihn, den einzigen, den einen allmächtigen Gott. Er will nicht besänftigt werden mit Opfertieren. Durch seinen Sohn Jesus Christus hat er die Welt erlöst."

Ansgar, der Dorfälteste, öffnete den Mund und stieß ein gefährliches Grollen aus. Dieser hergelaufene Alte in seiner Wollkutte wagt es, unsere großen Götter zuleugnen.

Lästerer und Unruhestifter hatten in Ratingen nichts zu suchen. Kurz tippte der breitschultrige Mann seiner schwangeren Frau auf die Schulter. „Adelgard. Stell dich hinter mich", knurrte er.

Es war ein Signal. Der Schmied, der Fellgerber, der Jäger, auch der Zimmermann und die anderen, alle Männer des Dorfes brachten vorsorglich ihre Frauen hinter dem Rücken in Sicherheit.

Wie Adelgard erwarteten die meisten von ihnen ein Kind. Und dieses Glück war teuer von den Göttern erkauft worden. Wodan, Freya, Donar hatten die vielen Opfer angenommen, ja, sie waren endlich zufrieden und gut gestimmt. Ratingen durfte sich in diesem Jahr auf einen reichen Kindersegen freuen.

Der Dorfälteste schnaubte. Und jetzt kommt dieser magere Kerl von seiner Rheininsel daher und sagt, dass es gar keine Götter gibt, nur einen einzigen Gott! Auch wenn er mit seinem Geschwätz in den umliegenden Siedlungen Erfolg hatte. Gleichgültig. Die Leute in Bilk, Himmelgeist und ganz besonders die in dem Dorf an der Düssel, das waren einfältige Jäger und Bauern. Wenn einer geschickt und schön redete, dem glaubten diese Tolpatsche schnell.
Doch was bedeuten schon Worte? Ansgar atmete tief und wölbte die starke Brust. Nein, ohne Beweis glaubt ein echter Ratinger gar nichts. Außerdem, was kann das schon für ein Gott sein, der keine Opfer will, den man noch nicht einmal fürchten muss?
Der Älteste ballte die Fäuste. Den Zorn der Götter werden wir nicht herabbe-

schwören und im letzten Moment noch unsern wohlverdienten Kinderreichtum in Gefahr bringen.
Suitbert bemerkte nichts vom drohenden Wutausbruch, viel zu sehr war er von seiner Aufgabe durchdrungen. „Bekehrt euch! Kommt und lasst euch taufen. Kommt und empfangt die Gnade des Heiligen Geistes."
Alle breiten, eckigen Köpfe wandten sich ihrem Oberhaupt zu. Ansgar nickte, grollte, dann brüllte er auf. Zugleich umfassten feste Fäuste die Knüppel, und geschlossen setzten sich die Ratinger in Bewegung. „Verschwinde."
Furchtlos blickte Suitbert den grimmigen Mienen entgegen. „Gott ist groß. Ich bin sein Diener. Er beschützt mich."
„Verschwinde aus unserm Ort!" Damit stieß Ansgar dem Glaubensboten seinen Knüppel gegen die schmächtige Brust. Suitbert stolperte zurück, fand das Gleichgewicht, reckte das Kinn und stand unerschrocken da. Jetzt wurde er von vielen Stöcken gleichzeitig gestoßen, geschlagen; er fiel, und immer wieder rappelte er sich hoch.
Allein, so sehr er sich mühte, so laut er die Allmacht Gottes verkündete, die Übermacht war zu groß. Rückwärts musste er weichen, die Ratinger prügelten ihn vom Marktplatz und trieben den frommen Mann durch das Dorf.
„Wo bleibt denn dein Gott?" Gelächter. Spott. „Jetzt soll er seine Kraft beweisen!"
Das Holztor wurde geöffnet. „Hinaus!" brüllte der Dorfälteste.
In Fetzen hing die Kutte, Striemen zeichneten das Gesicht des hageren Predigers. Tapfer schüttelte Suitbert den Kopf, fasste allen Mut zusammen: „Der Herr ist mit mir!" und stellte sich erneut mit offenen Händen den Männern entgegen. Hohnlachend stießen sie ihn durch das Tor. Suitbert taumelte, ehe er stürzte, gelang es ihm, sich mit der rechten Hand am Eichenpfosten festzuhalten. „Bekehrt euch!"
Ungehört gingen die Worte im Wutgebrüll und Johlen der Ratinger unter. „Zugleich!" befahl Ansgar. Fünf Männer bewegten das hohe Tor, welch ein Schwung, und mit dumpfem Krachen schlug es gegen den Pfosten.

Suitbert schrie! Sein rechter Daumen war geklemmt, zerquetscht. Das Blut quoll. Über den angespitzten Pfählen des Wehrzauns tauchten die breiten, eckigen Köpfe der Heiden auf. Die Gesichter grinsten.
In hellem Zorn drohte ihnen der Apostel mit dem bluttropfenden Daumen. „Ihr Hartnäckigen!"
Grölen war die Antwort.
„Hartnäckige! Weil ihr mich vertrieben habt", schwor Suitbert, „so soll euch dieser Name ewig anhaften!"
Lauter grölten die Männer, und Steine prasselten auf den Geschundenen nieder. Gesenkten Hauptes wandte sich Suitbert ab. Den verletzten Daumen hielt er hoch, so heftig er auch blies, mit jedem Schritt nahm der Schmerz zu.
In seinem Kloster, auf der schmalen Rheininsel, ließ sich der fromme Mann die Wunde versorgen, und am Abend ging er enttäuscht und erschöpft hinaus. Ganz in der Nähe, auf dem kleinen Felsvorsprung, setzte er sich nieder. Wie oft hatte er von dieser Steinkanzel aus die frohe Botschaft verkündet.
Suitbert blickte weit hinüber zu den Hügeln und Wäldern. In Scharen waren die Menschen gekommen und hatten den Glauben angenommen. Der hagere Prediger betrachtete den dick verbundenen Daumen. „Diese Ratinger. Diese hartnäckigen, verstockten Barbaren", seufzte er und lehnte sich zurück. So schwer war ihm das Amt noch nie.
Suitbert schloss die Augen. Seine Gedanken zeichneten flüchtige Bilder der Vergangenheit. England. Der herzögliche Sohn ließ Reichtum und Sicherheit im Stich. Mit dem Segen der Eltern widmete er sich ganz der Lehre des Herrn.
„Gehet hin in alle Welt und predigt das Evangelium aller Kreatur." Dieser Auftrag erfüllte das Herz des Dreiunddreißigjährigen. Suitbert, Willibrord und zehn andere Brüder bestiegen die Segelboote und landeten im Jahre 690 auf dem Festland. Zuerst brachten sie den Westfriesen die Worte des Glaubens. Steinig war der Weg. Allein, Rückschläge entmutigten die Frommen nicht. Willibrord zog nach Rom, um den Segen des Papstes zu erhalten. Suitbert segelte nach England, wurde zum Wanderbischof geweiht und kehrte zurück.

Bei den Brukterern zwischen Ruhr und Lippe setzte er sein Werk fort. Doch die heidnischen Sachsen überfielen das Land und zersprengten seine jungen Gemeinden. Der schmächtige Apostel gab nicht auf, floh nach Köln zum Königshof und erbat sich Schutz und eine Bleibe. Pippin II. schenkte im Jahre 710, auf Drängen seiner frommen Gemahlin Plektrudis, dem unerschrockenen Glaubensboten das kleine Eiland im Rhein, gleich unterhalb der Düsselmündung. Dort errichtete der Bischof ein Kloster, nannte die Insel Suitbertswerth und zog unermüdlich predigend und taufend vom rechten Ufer des Stroms hinauf in das bergige Land. Zu den entlegenen Dörfern, selbst in die kleinsten Ansiedlungen brachte er das Licht des Evangeliums.

Heftig pochte der Schmerz. Der grauhaarige Mann öffnete die Augen. Am weiten Himmel blinkte der Abendstern. „O Herr, wenn es einen Weg für die hartnäckigen Ratinger gibt, so weise ihn", flehte er inbrünstig, und leise setzte er hinzu: „Doch schicke mich nicht noch einmal zu diesen Daumenklemmern."

Erst als die Sternensaat über der Steinkanzel aufging und das Firmament funkelte, kehrte Suitbert zum Kloster zurück.

Ohne Unterlass wurde in Ratingen den Göttern Wodan, Donar und Freya geopfert. Und bald gab es kaum ein Haus, in dem nicht eine Mutter liebevoll ihr Neugeborenes an die Brust hob, in dem nicht ein stolzer Vater auf- und abschritt.

Adelgard schenkte gleich zwei Knaben das Leben. Ansgar stürmte auf den Marktplatz, hier wölbte er die starke Brust und lachte. Das Fest konnte beginnen. Freudenfeuer loderten hoch, und der Metkrug kreiste bis tief in die Nacht. Behutsam beugte sich die Frau des Dorfältesten über die breite Wiege und betrachtete ihre Kleinen. Sie spielte mit den Ohren, streichelte über die Köpfe, das Breite und Eckige zeigte ihr, dass die Söhne nach der Art echter Ratinger geraten waren. Füße, kräftige Beine und Arme. Sie nahm die kleinen Händchen auf und erschrak. Die Daumen, der rechte, auch der linke, die Daumen ihrer Kinder waren platt, platt wie Entenschnäbel. Entsetzt wandte Adelgard den Kopf. Nein, der Mann war noch nicht zurückgekehrt. Solche Daumen durfte kein Kind haben! Schnell versteckte sie die vier Händchen unter der Felldecke. „Sie werden noch rund", flüsterte sie. „Ganz sicher. Ich muss nur warten."

Fürsorge und Pflege. Die ersten Wochen vergingen rasch. Kaum waren die Kinder gestillt, schlossen sie die Augen und schliefen bis zum nächsten Hunger. Doch die Zeit kam, in der die Söhne wach dalagen und mit kräftiger Stimme nach der Mutter schrien und weiterschrien, als sie längst satt waren. Ansgar fand keinen Schlaf mehr. Übernächtigt befahl er: „Sie sollen den Daumen lutschen, damit endlich Ruhe ist."

Adelgard versuchte die Daumen in die kleinen Münder zu schieben. Vergeblich. Die Söhne mochten das platte Entenschnabelige nicht, und ohne Pause schrien sie weiter.

In ihrer Ratlosigkeit besuchte Adelgard am nächsten Morgen die Frau des Fellgerbers. Sie ertrug das Geheimnis nicht länger, sie musste ihr Herz erleichtern. Vielleicht fand sie bei der Freundin Trost und Rat.

Die Begrüßung war sonderbar frostig. Aus dem Hintergrund der Hütte ertönte durchdringendes Kindergeschrei.

„Wie geht es deiner Tochter?" damit schritt Adelgard zur Wiege hinüber. Sofort verstellte ihr die Frau des Fellgerbers den Weg.

„Ansehen will ich sie. Nur ansehen."

Heftig schüttelte die Freundin den Kopf und presste die Lippen aufeinander. Schweigend starrten die Frauen sich an. Adelgard wurde bleich. „Was ist...?" Sie wagte nicht weiterzusprechen. Langsam streckte sie ihre Hände und bewegte die Daumen.

Sofort standen der Freundin helle Tränen in den Augen. „Platt sind sie wie Entenschnäbel", stammelte sie verzweifelt. „Auch wenn ich sie mit Honig bestreiche, das Kind will sie nicht. Und es weint und schreit."

Hastig berichtete Adelgard von ihren eigenen Söhnen, und im geteilten Leid fanden die Unglücklichen etwas Trost. Gemeinsam eilten sie zur Schmiede. Schon von draußen hörten sie das laute Weinen des Neugeborenen.

Zu dritt eilten sie zum Haus des Zimmermanns. Das gleiche Elend. Gegen

Mittag wussten alle Ratinger Frauen, die in diesem Jahr geboren hatten, voneinander. Und keins ihrer Kinder wollte den platten Daumen lutschen.
Von Woche zu Woche nahm das Geschrei zu. Schwarz gerändert lagen die Augen der schlaflosen Eltern in tiefen Höhlen.
„Es ist eine Strafe." Adelgard blickte furchtsam zum heiligen Hain hinüber. „Ich begreif's nicht", brummte der Dorfälteste. „Wir haben mehr als genug geopfert. Die Götter haben kein Recht, uns zu bestrafen. Sicher werden sie ihren Irrtum bald einsehen."
Doch als nach sieben Monaten das Zahnen begann, schwoll das klagende Elend an, wurde so unerträglich, dass die Väter ihre Ohren zustopften, Felle nahmen und trotz der Winterkälte draussen vor den Hütten schliefen.

Auf Suitbertswerth hörte der fromme Glaubensbote vom lautstarken Unheil, das die Ratinger Daumenklemmer heimsuchte. Still blickte er zum Himmel, lächelte und wandte sich wieder seiner segensreichen Arbeit zu, heilte Fieberkranke, und wenn Ertrunkene ihm gebracht oder ans Ufer seines Eilands angespült wurden, errettete er sie vor dem ewigen Tod.
Schluckauf! Zuerst befiel er die Tochter des Jägers. Dann den Sohn des Zimmermanns, schnell breitete sich das Übel aus, bald schluckste jedes Kind in Ratingen, schrie und schluckste.
Um den Schluckauf zu bannen, muss das Kind beide Daumen einschlagen und sie mit den Fingern festhalten. Diese alte Gesundheitsregel war bekannt und bewährt, auch in Ratingen. Allein, so sehr sich die Mütter bemühten, ihre Kinder vermochten die platten Daumen nicht einzuklemmen, immer wieder rutschten sie aus den Fingerchen.
„Warum nur? Was haben wir getan?" Adelgard rieb verzweifelt die Stirn. Mit einem Mal schreckte sie hoch. Dieser Prediger! „Wir haben ihn vertrieben, ihm das Tor zugeschlagen." Sie zitterte. „Er drohte uns mit seinem gequetschten blutenden Daumen."
Adelgard hastete aus dem Haus, verständigte die leidgeprüften Freundinnen,

bald zogen alle Frauen zum Marktplatz und riefen nach ihren Männern.
„Weil wir das Wort von diesem allmächtigen Gott nicht hören wollten..." und „weil wir..." klagten die Mütter sich an und rangen die Hände. Keinen Tag länger durften die schuldlosen Kinder für die Hartnäckigkeit ihrer Eltern leiden.
„Das Weinen und Geschlucke, das muss aufhören!" forderten Adelgard und mit ihr alle Mütter des Ortes.
Ansgar schlug die Fäuste gegen die Schläfen. „Dieser magere Prediger und sein Gott ..." Er brach ab und ließ die Schultern sinken. Daumen, so platt wie Entenschnäbel, das war ein Beweis, den selbst ein Ratinger überzeugte. Mit grollender Stimme fragte der Dorfälteste seine Männer: „Seid ihr einverstanden?"
Alle breiten, eckigen Köpfe nickten.

Bevor Bischof Suitbert durch das weitgeöffnete Holztor schritt, hob er den rechten Arm. Jeder sah den geheilten Daumen, während er Ratingen segnete.
An der Springquelle, ganz in der Nähe des Marktplatzes, predigte der schmächtige Glaubensbote. Seine mächtige Stimme ließ das Kindergeschrei verstummen, ungehindert erreichte das Wort des einzigen Gottes die Herzen der Ratinger. Frauen und Männer knieten nieder. „Ich taufe dich im Namen des Vaters, des Sohnes und des Heiligen Geistes."
Die Mütter brachten ihre Kinder. Kaum benetzte das kühle Wasser die kleinen Köpfe, als auch der Schluckauf verschwand.
Welch ein Tag des Glaubens. Welch ein Tag des Herrn!
In großem Vertrauen schoben die Mütter ihren Kindern die platten Daumen in den Mund. Sie verschmähten ihn nicht länger, lutschten, und bald rundeten sich die Daumen ein wenig. Als im folgenden Jahr Neugeborene in den Wiegen lagen, waren ihre Daumen zwar flacher als anderswo, doch nicht mehr so platt, so entenschnäbelig.

‚Hartnäckige Dumeklemmer', dieser Name, auch der flache Daumen blieben den

Ratingern bis auf den heutigen Tag. Beides tragen sie mit Würde und zum Beweis, erinnert es sie doch stets an Suitbert, den ersten Apostel des Bergischen Landes, der ihnen das Wort mit so viel Mühe brachte. Sie haben begriffen und hüten sich hartnäckig davor, dem Glauben je wieder heftig das Tor zu verschließen.

Der Rheinschlamm hat längst das Eiland des Bischofs mit dem rechten Ufer verbunden, Häuser wurden um Kirchen und Kloster errichtet, lange schon heißt der Ort Kaiserswerth.

Kunigunde von Nesselrath

Der Krieg ist kein Spiel.
Ganz gleich, wo er geführt wird.
Er bedeutet immer Verlust.

Zwei Knospen hatte das bergische Herrschergeschlecht hervorgebracht. Zwei starke Brüder. Zwei Rosen waren aufgeblüht und hatten ihre Macht entfaltet. Adolf III., der Graf von Berg, und Engelbert II., der Erzbischof von Köln. In gleißendem Licht erstrahlte das Wappen der Berger.
Lange ritt der Tod während des Kreuzzugs auf seinem Knochengaul neben Adolf her, am 7. August 1218 schließlich reckte er das Stundenglas gegen die ägyptische Sonne. Der letzte Sand zerrann. Kläglich starb der Graf von Berg in den Nilsümpfen vor Damiette. Er hinterließ keinen Sohn. Irmgard, die einzige Tochter, hatte er im Jahr zuvor mit dem jungen Herzog Heinrich von Limburg vermählt.
Das Erbe sollte nicht dem fremden Haus zufallen, und so ergriff an Bruders Statt Erzbischof Engelbert ohne Zögern Grafenwürde und Regentschaft des Bergischen Landes.
Über Neid und Hass, selbst der eigenen Blutsverwandten, setzte er sich unerschrocken mit Geschick, Weitsicht und Können hinweg. Der Kaiser achtete den scharfen Verstand des Kölner Erzbischofs. Bald wurde Engelbert II. sein Kanzler und engster Ratgeber. Nie zuvor hatte ein bergischer Graf solch eine Machtfülle in Händen gehalten.
Bei Gevelsberg, am Ende eines tiefen Hohlwegs, zügelte der Tod den Knochengaul und drehte das Stundenglas. In der Nacht des 7. Novembers 1225 lauerten die Verschwörer hinter den Sträuchern. Matt schimmerte die weiße Wappenrose der Berger auf dem Schild des Anführers Graf Friedrich von Isenburg. Lang unterdrückte Eifersucht und unerfüllte Machtgier hatten den Vetter des Erzbi-

schofs hergetrieben. Rache und Mordlust verzerrten das Gesicht.
Der von Isenburg und seine Spießgesellen erschlugen Engelbert II. Als er längst reglos vor ihnen lag, hieben sie weiter auf den Leichnam ein, zerhackten und zerfleischten den Toten.

Auf der in neuer Pracht erbauten Burg über der Wupper nahm jetzt Heinrich von Limburg, an der Seite Irmgards, die Zügel der Macht.
Schande hatte der Mörder über das bergische Wappen gebracht. Der Herzog riss die weiße Wildrose und den gezackten Balken heraus und ersetzte das alte Wahrzeichen durch das Limburger Wappenbild. Auf Fahne und Schild der Ber-

ger stand von nun an der rote Löwe im silbernen Feld, aufrecht und mit blauer Krone.
Streit um Landbesitz und Pfründe des geächteten Meuchelmörders! Erbitterte Fehde um die Herrschaftsgebiete im großen Machtbereich der Berger! Krieg gegen den neuen Kölner Erzbischof! Plündern und Morden verwüsteten die Jahre.
Heinrich stützte sich auf seine ihm ergebenen Ritter. Immer wieder rief er sie von ihren Burgen, kämpfte mit ihnen gemeinsam und entlohnte sie reich. Klugheit war nicht länger gefragt. Krieg wurde zur Lust, zum blutigen Spiel. Nur wer im Kampf glänzte, der errang Ehre und Ruhm.

Von Leichlingen aus noch ein Stück die Wupper hinauf, oben auf dem Turm der Burg Nesselrath stand Wirich breitbeinig neben seiner Frau.
„Zeig es mir noch einmal", verlangte sie.
Wieder griff der Ritter nach dem breiten Schwert, es glitt aus der Scheide, und im gleichen Schwung ließ er es über dem Kopf kreisen. „Dazu braucht man Kraft", lachte Wirich.
Kunigunde verengte die Augen. „Das kann ich ebensogut wie du." Sie zückte ihr Schwert. Die gleiche Schnelligkeit, der gleiche kraftvolle Schwung. „Was Männer können, das ich auch!" Triumphierend warf Kunigunde den Kopf zurück, dass ihr langes rotes Haar in der Sonne aufleuchtete. In allem wollte sie es ihrem Gatten gleichtun. Sie spannte die Sehne des Bogens wie er, schleuderte den Speer, ohne Zittern hielt sie die schwere Armbrust, und genau traf der Bolzen ins Ziel.
„Was Männer können, das kann ich auch!" Dieser Satz bedeutete nicht allein Triumph, er war die bittere Losung, mit der Kunigunde aufgewachsen war.
„Sie ist nur eine Tochter!" Früh schon hatte der Vater das kleine rotgelockte Kind seine Enttäuschung spüren lassen. Doch die Tochter wollte ihm den Sohn ersetzen, weigerte sich, Mädchenkleider zu tragen, sie raufte und balgte mit den gleichaltrigen Jungen. Rissen ihr bei der Jagd auch die scharfen Krallen des Falken noch so tiefe Wunden, sie zeigte keinen Schmerz. Und immer wieder such-

te sie im Blick des Vaters nach Anerkennung. Wenn er hin und wieder spärlich lächelte, war es für Kunigunde wie ein Geschenk.
Ungefragt wurde sie Ritter Wirich von Nesselrath zur Frau gegeben, einem starken Mann, voller Stolz, er glich ihrem Vater. Auch ihm wollte sich Kunigunde beweisen, alle seine Erwartungen erfüllen.
Mit Bangen trug sie das erste Kind und gebar einen Sohn! Wirich strich der Erschöpften dankbar über die Stirn. „Du hast mir Glück gebracht."
Als er das Kind behutsam auf den Arm hob, zum Fenster trat und dem Erben das Leichlinger Tal zeigte, schloss Kunigunde erlöst die Augen und weinte. Im Jahr darauf schenkte sie einem Mädchen das Leben. Wirich lächelte erfreut, mehr Anerkennung zeigte er der Wöchnerin nicht.
„Was weiß ein Mann schon von den Schmerzen einer Geburt?" Sie verengte die Augen. „Niemals könnte er sie ertragen."
Der Ritter blickte seine Frau verwundert an, begriff nicht und sagte leicht: „Das eine ist die Sache der Frau." Er umfasste den Schwertgriff. „Das andere überlass uns Männern." „Und wieder erwachten in Kunigunde die Unruhe und quälende Angst, nicht zu genügen. „Was Männer können, das kann ich auch."
Beweise dich, zeige dich ebenbürtig. Bald schon vertraute sie der Amme allein die Pflege ihrer Kinder an. Im täglichen Waffenspiel stählte sie die Muskeln.
Wirich schmunzelte über den Eifer seiner Frau. Er ließ sie gewähren. Ohnehin waren die Zeiten draußen im Land erfüllt mit Kämpfen und Streit. Warum sollte Kunigunde nicht bei Gefahr ihren Mann stehen? Willig lehrte er sie alle Künste, das Schwert schnell und todbringend zu führen.

Hornruf. Herzog Heinrich von Berg und Limburg befahl im Jahre 1243 seine Ritter zur Burg Bensberg. Wieder bedrohte der wortbrüchige Adolf von der Mark die angestammten bergischen Besitztümer.
„Endlich!" Wirich ballte die Faust. „Seit Monaten hatten wir keinen Kampf mehr." Unten im Hof überprüfte er den gerüsteten Trupp. „Die Taschen werde ich euch füllen!" Begeistert schlugen die Mannen ihre Schwerter gegen die Schilde.

„Ich ziehe mit." Kunigunde stellte sich dem Ritter in den Weg.
Wirich verstand nicht. Sie hob das Kinn und warf ihr rotes Haar in den Nacken. „Lass mich dein Schildknappe sein. Mit dir, an deiner Seite will ich kämpfen."
Es war keine Zeit für lange Erklärungen. „Geh ins Haus! Da ist dein Platz."
Spöttisches Grinsen ringsum in allen Gesichtern. Kunigunde erblasste, wandte sich wortlos ab und stürmte davon. Das derbe Gelächter der Kerle gellte ihr in den Ohren.
„Wir werden den märkischen Feiglingen das Vaterunser einprügeln." Wirich reichte seinem Knecht Schild, Eisenhaube und Schwert. „Auf zum Bensberg!" Und mit grölendem Gesang verließ das Fähnlein die Burg.

Sie kamen gut voran, die Lust nach Kampf, die Gier nach Beute beschleunigten den Ritt. Gegen Mittag warnte die Nachhut: „Verfolger!" Sofort ließ Wirich die Reihen formieren.
Ein Ritter in Helm und glänzendem Harnisch, begleitet von zwei Knappen, galoppierte heran, erst auf Speerwurfweite zügelte er das Pferd.
„Wir kommen als Freunde!" rief einer der beiden Waffenträger und näherte sich langsam dem Trupp.
„Mein Herr bietet euch Arm und Schwert."
Wirich zögerte. „Ich weiß nicht, wie groß die Beute sein wird."
„Mein Herr ist mit dem Lohn eines einfachen Kriegsknechts zufrieden."
Verblüfft nickte der Ritter.
„Mein Herr wird das Visier nicht öffnen, auch dürft Ihr nicht nach seinem Namen fragen."
Wirich war einverstanden. Wenn es nicht viel kostete, war ihm jede Hilfe willkommen, ganz gleich, wie sich der Ritter nannte.
Sie zogen weiter. Im Nachmittag hatten sie die verwüsteten Dörfer um den Bensberg erreicht und lagerten im Schutz der Sträucher am Fuß der Burg.
Durstig tranken die Mannen und hockten beieinander. Ohne Erklärung hatte sich der fremde Ritter abseits des Fähnleins niedergelassen. Misstrauen erwachte.

Wirich beobachtete, wie einer der Knappen den Becher füllte und ihn seinem Herrn brachte. Nur wenig lüftete er den Helm.
Rotes Haar quoll heraus!
So schnell es der Eisenpanzer erlaubte, stürmte der Herr von Nesselrath hinüber und riss den Helm an sich. „Ich sollte..." Er zwang sich zur Ruhe. „Warum widersetzt du dich meinem Befehl?"
Zorn und Empörung loderten ihm entgegen. „Niemals werde ich es dulden, dass ein Mann auf mich herabsieht." Kunigunde zeigte zu den Knechten hinüber. „Vor diesen Kerlen hast du mich gedemütigt. Ihren Spaß hatten sie." Die Stimme wurde flehend. „Ich muss meine Kraft beweisen. Ihnen allen." Sie drängte: „Ich bitte dich, Wirich, schicke mich nicht weg. Lass mich jetzt an deiner Seite kämpfen."
Für einen Ritter, der Befehl und Gehorsam in einer Schlacht verlangte, gab es kein Hin und Her.
„Schweig!" Barsch wies ihr der Herr von Nesselrath den Weg zurück. Kunigunde sah die entschlossene Miene, widersetzte sich nicht länger, und den Kopf gesenkt griff sie nach dem Zügel ihres Pferdes.
Erleichtert stieß Wirich den Atem aus, beschwichtigend legte er die Hand auf die Schulterplatten ihres Harnischs. „Warte ab, irgendwann gebe ich dir die Gelegenheit, vor allen deine Tapferkeit zu beweisen. Bestehst du, werde ich dir erlauben, irgendwann einmal mein Schildknappe zu sein."
Schamrot stieg Kunigunde auf und ritt mit ihren Knechten in Richtung Leichlingen davon.
Als einer der Männer wagte zu lachen, schlug ihm Wirich die Faust ins Gesicht.

Auf Burg Bensberg erfuhren die Nesselrather, dass der Krieg abgesagt war. Ihre Enttäuschung ertränkten sie gemeinsam mit den anderen Rittern und Gefolgsleuten im Bier, und erst am nächsten Mittag befahl Wirich seinem Fähnlein den Rückmarsch.
In der späten Dämmerung erreichten sie Leichlingen, und während sie am Ufer

der Wupper das Tal hinaufritten, brach die Nacht herein. Der Herr von Nesselrath wusste um die schlechte Stimmung seiner Männer. Den Kampfdurst hatte das Bier nicht löschen können. Ohne die erhoffte Beute kehrten sie zurück, und gereizt hockten sie im Sattel.

Schwarz ragte die Burg vor ihnen auf. Der Mond tauchte die Zinnen in ein fahles Licht. Erst war es nur ein Gedanke, schnell nistete er und wurde zum Plan. Der Ritter ließ halten. „Meine Frau will es den Männern gleichtun. Gut, jetzt soll sie es beweisen." Er lachte leise. „Wir werden unsere Burg angreifen. Nur zum Schein. Aber so, dass Kunigunde und die Wächter dort oben glauben, der Teufel selbst kommt, um sie zu holen."

Ein Spaß! Begeistert stimmten sie zu. Das Spiel war ein kleiner Trost für den entgangenen Krieg.

„Ihr werdet den Angriff gegen das Tor führen. Schlagt Lärm. Werft Steine! Vor allem brüllt und brüllt. Das Blut soll ihnen gefrieren." Wirich senkte die Stimme. Er wusste einen geheimen Weg über die Mauer. Der Einstieg war zwar eng. Doch ohne Rüstung und Waffe würde es ihm gelingen. „Erst werd ich denen da oben das Fürchten lehren. Dann geb ich mich zu erkennen und lass euch die Zugbrücke hinunter." Er versprach: „Und nachher feiern wir den Sieg."

So oft erprobt, stand bald jeder auf seinem Posten. Steinbrocken donnerten gegen das Tor. Sturmgebrüll!

Vom Turm blies der Wächter Alarm. Hilflos rannte die Burgbesatzung auf den Wehrgängen hin und her und starrte hinunter. Keine Fackel zeigte, wo der Feind stand.

„Ergebt euch!" Unaufhörlich krachten Steine. Das Donnern ließ die Finsternis erzittern. Und immer wieder die Rufe: „Ergebt euch!" „Wir sind in der Übermacht!"

In voller Rüstung trieb Kunigunde ihre Knechte an. „Schießt auf die Stimmen. So schießt doch!" Sie beugte sich über die Mauer. „Wer ihr auch seid", brüllte sie, „niemals werden wir die Waffen strecken." Mit der Faust drohte sie in die Nacht.

„Die Burg ist eingenommen!"
Kunigunde fuhr herum. Fassungslos stand sie da.
„Jede Gegenwehr ist zwecklos!" Der schneidende Ruf hallte an den Wänden des Innenhofs wider. In heilloser Furcht warfen die wenigen Verteidiger Bogen und Armbrust weg und flohen ins Burghaus.
Herrische Tritte die Treppe zum Wehrgang hinauf.
Starre und Schreck wichen. „Niemals!" Mit kurzem Schlag schloss Kunigunde das Visier.
Aus dem Dunkel erschien eine Gestalt. Durch den schmalen Sehschlitz der Eisenhaube entdeckte die Herrin von Nesselrath für einen Augenblick den riesenhaften Umriss des Feindes. Schon war er aus dem Mondlicht verschwunden. Irgendwo da im Dunkel einer Mauerecke erwartet er mich. Das Blut rauschte ihr in den Ohren.
„So leicht habe ich noch nie eine Burg bezwungen!"
Wie von weit vernahm Kunigunde den Spott des Fremden. Der hämische Tonfall reizte, er trieb sie zu blindem Zorn. „Du hast nicht gesiegt!" Sie drehte sich und stampfte in die Richtung, aus der die Stimme kam.
„Jetzt ist es genug." Die Gestalt verliess den Mauerschatten. Ohne Hast trat der Eindringling Kunigunde entgegen.
„Ich bin's. Wirich. Das Spiel ist zu Ende." Er breitete die Arme und lachte.
Das Tosen des Blutes übertönte die Worte. Den Blick von lodernder Wut getrübt, erkannte sie den Ritter nicht. Nur Lachen erreichte Kunigunde, schmerzte sie wie Hohngelächter. Dort stand der Verhasste frei im Licht des Mondes und lachte seinen Spott.
Ihre Hand griff nach dem breiten Schwert, es glitt aus der Scheide, und im gleichen Schwung liess sie es kraftvoll über dem Helm kreisen. „Was Männer können, das kann ich auch!" schrie Kunigunde auf. Der furchtbare Hieb schlug in den Feind. Lautlos sank er zu Boden.
„Wir haben gesiegt!" Ihr Jubelschrei lockte die verängstigten Knechte aus dem Versteck. „Bringt Licht!"

35

Schwer atmend stand Kunigunde an der Mauerbrüstung. „Euer Anführer ist tot!" triumphierte sie in die Dunkelheit hinab. „Von einer Frau besiegt!"
Sofort schwieg der Lärm vor dem Burgtor.
Fackeln wurden zum Wehrgang gebracht. Kunigunde warf die Eisenhaube zur Seite und beugte sich im flackernden Schein der Rammen über den Toten.
„Wirich!"
Das Schwert fiel ihr aus der Hand und polterte zu Boden. Vom Grauen gelähmt starrte sie auf den zerschlagenen Leichnam. Im Gesicht des Ritters stand noch das übermütige Lachen.
„Lasst mich allein."
Bis zum Morgengrauen kniete Kunigunde reglos neben ihrem Mann. Totenwache.
Als erste Sonnenstrahlen die Zinnen der Burg erfassten, stand sie müde auf und blickte mit leergeweinten Augen ins Leichlinger Tal. „Beide haben wir verloren. Du und ich."
Wie schal erschien ihr jeder Wettstreit. Ihr Verstand sagte es laut. Der Krieg ist kein Spiel. Ganz gleich, wo er geführt wird. Er bedeutet immer Verlust.
Kunigunde gab ihre Kinder in die Obhut der Verwandten. Sie verzichtete auf Burg Nesselrath und allen Pfründebesitz. Im Kloster Gräfrath fand sie Aufnahme. Tag für Tag flehte sie um Frieden für das verwundete Herz, bis der Tod das Stundenglas hob und ihre Tränen trocknete.

Das Zwergjunkerlein von Kohlfurth

Ich lass mich nicht lumpen.
Ich mach ihn zum schönsten Zwerg
im Wuppertal.

Seit urdenklicher Zeit, also lange vor der Erfindung des Bierbrauens, lebten schon Zwerge nicht weit von der Kohlfurth entfernt am rechten Wupperufer. Jeder Mensch aus Solingen, Remscheid, Müngsten oder Burg kennt den schroffen Felsen, der sich dort bedrohlich weit über den Fluss neigt, und jeder weiss von den sorgfältig rundgehauenen, tiefen Löchern im Gestein, den ehemaligen Einschlüpfen der Wichte. Mehr aber nicht!

Früher, als die Existenz dieser kleinwüchsigen, fleißigen Dämonen noch nicht

leichtfertig geleugnet wurde, munkelte man zwar von riesigen Palästen im Innern des Bergs, von Sälen mit glitzernden Lüstern aus Gold und Kristall, von Wänden aus Silber, verziert mit Edelsteinmosaiken. Doch niemand wagte es, ihr Geheimnis zu ergründen. Allein das Betreten einer Zwergenhöhle konnte den Hals kosten. Wenigstens aber würde dem Eindringling das Gesicht zur Maske erstarren. Also lebten die Menschen der Wuppergegend in friedlicher, rücksichtsvoller Nachbarschaft mit dem Zwergenvolk.

„Schluss für heute!" Wieland wischte sich das verschwitzte, rußschwarze Gesicht. Früher als gewöhnlich sperrte der junge Hammerschmied, am 23. Juni vor 500 Jahren, das Schütt über dem großen Wasserrad. Allmählich verlangsamte sich das Drehen der mächtigen Eichenwelle in der Werkstatt, mühseliger hoben die Frösche den Bären, dann schwieg das ohrenbetäubende Pochen des schweren Hammers. „Feierabend."

Gut eine Stunde später wanderte Wieland im besten Sonntagswams entlang des Uferpfads die Wupper hinauf. Frisch gewaschen, das krause rote Haar so gut es ging gebändigt, pfiff er vergnügt vor sich hin.
„Heut ist Tanz drüben beim Kohlfurthwirt." So hatte er sich eilig von der Mutter verabschiedet.
„Trink nicht so viel. Gib auf die Weibsleute acht", rief ihm die alte Frau nach. „Denk dran, seit dein Vater tot ist, gehört dir der Eisenhammer. Du bist zu gutgläubig, Junge. Lass dich nicht einfangen von so einem jungen Ding."
Ohne sich umzudrehen, hatte Wieland gelacht. „Alles in Ordnung, Mutter" und war schnell davongegangen.
Unter den Bäumen saßen die Gäste an langen Tischen. Gedränge, Lachen und Singen. Laternen schwankten rings um den Tanzboden. Zur Sommerfeier, am Vorabend des Johannistages, hatte der Wirt sogar zwei Spielleute aus Solingen eingeladen, und mit Drehleier und Dudelsack spielten sie auf.
Der Schinken schmeckte, das frische Bier schäumte im Überfluss, gemeinsam mit

Freunden und Nachbarn genoss der junge Schmied die ausgelassenen Stunden. Als er sich spät abends auf den Heimweg machte, drehte sich das Fest in seinem Kopf wie ein schwankendes Rad weiter. Allein der volle Mond stand fest an seinem Platz und erhellte den Uferpfad. Gleichzeitig aber wanderte sein Licht neben dem angeheiterten Burschen auf den Wellen der Wupper. In dieser lauen Nacht tanzten für ihn sogar die Schatten, jeder Baum, jeder Busch.

Plötzlich hörte Wieland zarte, fremde Musik. „Ach was", murmelte er, „ich hab zuviel getrunken." Doch nach einigen Schritten blieb er stehen. Nein, die Tanzmelodie spielte nicht in seinem Kopf. Angestrengt blickte er sich um.

Drüben am anderen Ufer ragte der schroffe Felsen wie ein Riese im Mondlicht. Von dort schwangen die Klänge der Geigen und Zimbeln herüber. „So was." Umständlich, so leise er konnte zwängte sich der trunkene Schmied durch die Weidenbüsche und kauerte sich nah ans Wasser. „So was", staunte er, „auch die Zwerge feiern heut Nacht ..."

Oder war es doch nur der Rausch? Beide Hände presste Wieland an die Schläfen, um das drehende Rad festzuhalten. Endlich. Seine Augen gewöhnten sich, und jetzt sah er sie klar und deutlich, sah sie springen, Arm in Arm schunkeln und hüpfen. „So was." Die Zwerge waren nackt! Mit nichts als den spitzen Hüten bekleidet, tanzten Männlein wie Weiblein da nackt umeinander. Ganz ungeniert! „Das nenn ich ein Fest", murmelte der Schmied und grinste.

Ein besonders ausgelassener Wicht drehte sich hoch oben auf der Felsnase selig zur Musik auf einem Bein, dabei warf er sein spitzes Hütchen in die Luft und fing es wieder auf. Hoch und höher schleuderte er die Kopfbedeckung. Mit einem Mal griff er daneben. Das Hütchen treiselte hinunter und fiel in die Wupper. Der entsetzte Schrei genügte, jäh brach die Festmusik ab.

In wilden Sätzen sprang der Wicht vom Felsen, die anderen folgten ihm, schon standen gut zwanzig Zwerge am Ufer, aufgeregt zeigten alle zur selben Stelle mitten im Fluss.

„Was ist?" Endlich begriff Wieland. „Keiner traut sich ins Wasser. So ist das." Hilfsbereit stand er auf. Kaum entdeckten die Menschlein seine große Gestalt, wichen sie bis zum Felsen zurück. „Hallo, ihr da drüben!" Der Ruf polterte laut durch die Nacht. Sofort verschwanden alle in den Schlupflöchern. Bis auf einen, nur der Unglückliche stand noch nackt und schutzlos da, wild ruderte er mit den Armen, sprang vor den Höhlen hin und her, schließlich kehrte er händeringend zum Ufer zurück.

Wieland versuchte es wieder, diesmal sanfter. „Hallo, du da drüben."

„Ja?" Eine bedrückte kleine Stimme. „Was ist los?"

„Mein Hut. Ohne Hut kann ich nicht zurück." „Ja, warum holst du ihn dir denn nicht?"

Der Wicht deutete auf die Stelle weit draußen im Fluss. „Unten am Grund liegt er." Wieland schmunzelte. „Nur Mut. Spring rein."

„Da ist das Wasser zu tief." Verzweifelt schlang der Zwerg die Arme um den großen Kopf. „Wir aus dem Berg können nicht schwimmen. Keiner von uns kann das."

„Ach so ist das." Wieland spürte, wie das Rad in seinem Kopf wieder langsam zu drehen begann. Schnell hielt er noch einen Gedanken fest. „Sorg dich nicht, Kleiner. Ich regel das schon." Er winkte hinüber. „Jetzt bin ich zu müd. Warte bis morgen früh, dann komm ich und hol dir dein Hütchen."

Ohne die Antwort abzuwarten, kehrte Wieland um, fand den Uferpfad wieder und schwankte nach Hause. Die Nacht war lau. Das Mondlicht wanderte still neben ihm auf der Wupper. Am Kettenkarussell hingen Geigen und Zimbeln, da juchzten Männlein und Weiblein mit nichts als den spitzen Hütchen bekleidet. „Ach was", brummte er, „hab nur zuviel getrunken."

Leise drehte er den Schlüssel, tappte durch den Flur, doch kein Sohn kann so leise sein, dass es die Mutter nicht hört. „Bist du allein, Junge?"

„Schon gut, Mutter. Alles in Ordnung."

An der Kammertür zögerte er. Das Hütchen. Da war irgend etwas mit einem spitzen Hütchen, ganz sicher. „Weck mich morgen ganz früh. Muss was erledigen." Der Johannistag dämmerte herauf. Milchiger Dunst zog Schleier über die Wupper.

Bereits beim ersten Tageslicht hatte die Mutter ihren Sohn geweckt. „Erzähl mir von gestern."
Trotz des schweren Kopfs erinnerte sich Wieland dumpf an sein Versprechen, gab der besorgten Frau keine Antwort und war sofort aufgebrochen.
Er schob sich durch die Weidensträucher. Unschlüssig stand er am Ufer, kratzte im roten Haar und spähte zu der schroffen Felswand hinüber. Im Sonnenlicht fand er die rundgehauenen, schwarzen Schlupflöcher der Zwerge. Doch weder davor noch in der Nähe, nirgends war dieser Wicht zu entdecken.
„Hallo? Du da drüben! Hörst du mich?"
„Ja." Eine bedrückte kleine Stimme.
Also doch. Wieland schluckte und forderte den Zwerg auf, sich zu zeigen. Erst nach einer Weile kam die Antwort. „Das geht nicht. Ich schäme mich."
„Glaubst du, ich hätte noch nie einen ..." Der Schmied brach ab und rieb sich die Stirn. „Nun komm schon. Mir macht das nichts aus. Wirklich nicht."
„Versteh doch. Meine Zehen. Kein Mensch darf einen Blick auf unsere Füße werfen."
„So was." Wieland war ratlos. Allein konnte er das Hütchen im Wasser nicht finden. „Du musst rauskommen und mir die Stelle zeigen, anders kann ich dir nicht helfen. Ich guck dir nicht auf die Füße. Ich versprech's."
Endlich. Drüben dicht am Wasser bewegten sich die Äste eines Strauchs. Zaghaft kroch der Zwerg ins Freie, und zögernd stand er auf. Kaum traf ein Sonnenstrahl sein runzliges Gesicht, als er schmerzhaft die roten Augen zusammenkniff. Seine Haare waren zum langen Zopf gedreht, und der graue Bart hing ihm über dem Bauch bis zu den Knien.
„So was", entfuhr es Wieland, sofort schloss er den Mund. Da passt auch nichts zusammen. Das Körperchen klein wie ein Kind, der Kopf größer als meiner. Sieht aus, als wenn er ihm gleich von den Schultern rollt.
Nur einen Spaltbreit öffnete der Wicht die Lider. Mit dem Zweig in seiner Rechten schützte er die Füße, mit der anderen Hand zeigte er zur Wuppermitte. „Da liegt mein Hut."

„Das regel ich schon." Ohne sich auszuziehen, stieg der Schmied ins Wasser, tauchte unter, und mühelos brachte er den verlorenen Schatz mit an die Oberfläche.
Ein Lächeln erhellte das verknitterte Gesicht des Zwergs. Als ihm Wieland das spitze, rote Hütchen zuwarf, fing er es geschickt aus der Luft, stülpte es auf den großen Kopf und lachte.
„Danke. Du bist ein guter Kerl!" Mit einem Mal sprach er tief und kräftig, alle Verzagtheit war gewichen. „Wie kann ich dir danken?"
„Für was?" Der kräftige Schmied winkte ab. „Schon gut. Hab ich gern gemacht."
Er watete zum Ufer zurück und wandte sich um.
Der Wicht war verschwunden!
„So was." Mit beiden Händen fuhr Wieland durch die nassen roten Locken. „Das erzähl ich keinem. Das glaubt mir ja doch keiner."
Er suchte sich einen Sonnenplatz, wartete, bis Hose und Hemd wieder getrocknet waren und kehrte pfeifend zum Hammerwerk zurück.
„Wen hast du getroffen?"
Der Sohn legte der alten Frau den Finger auf den Mund. „Alles in Ordnung."
Die Mutter fragte nicht weiter. Den Johannistag über beobachtete sie misstrauisch ihren Sohn. Erst als Wieland gegen Abend mit den Körben hinaus zur Vorratsgrube ging, frische Holzkohle in die Schmiede schaffte und kantige Stücke Roheisen neben den Amboss legte, als er sorgfältig wie gewohnt die Arbeit für den nächsten Tag vorbereitete, erst dann ging sie beruhigt schlafen.

Beim Krähen des Hahns löste Wieland den Schieber an der Schütte über dem Wasserrad, pfeifend betrat er die Werkstatt und blieb erschreckt stehen. Das Roheisen war bereits ausgeschmiedet! Schlanke Stangen ohne Brüche und Beulen, matt schimmernde Stäbe lagen säuberlich gestapelt neben dem Amboss!
„So was!" Auf dem Absatz drehte Wieland um, verließ die Schmiede und kehrte sofort zurück. Immer noch lagen die Stangen da, feinster Stahl, wie ihn nur wenige Meister in der Gegend ausrecken konnten.

„So was. Den Lärm des Hammers hätt ich gehört." Wieland kratzte den Haarschopf. Ein Geschenk der Nachbarn? Niemals. Und wenn ich herumfrage? Er schüttelte den Kopf. „Ach was, das glaubt mir ja doch keiner."
Entschlossen fachte er das Feuer in der Esse an. „Ich tu so, als hätt ich's schon getan." Damit begann er, den nächsten Eisenblock zu erhitzen. Im Nachmittag zerschlug er ihn und legte die Stücke neben den Amboss. „Morgen reck ich sie aus."
Doch am nächsten Morgen war die Arbeit schon getan, auch am Tag darauf fand Wieland aufs beste geschmiedete Stahlstäbe in seiner Werkstatt; von nun an war es jeden Morgen so. Viel früher als verabredet, konnte er die Kunden mit Ware beliefern und erzielte darüber hinaus auch noch einen besseren Preis. „Wie schaffst du das nur? Wie viele Stunden arbeitest du?" bedrängten ihn die Nachbarn Sonntags beim Kohlfurthwirt. Wieland zuckte die Achseln. „Tag und Nacht." Großzügig spendierte er eine frische Kanne Bier, und alle lästigen Fragen wurden hinuntergespült.

Jeden Morgen sagte er im Anblick des sauber ausgereckten Stahls: „Ich bin nicht neugierig." Und schließlich eines Abends nickte er: „Aber wissen muss ich's doch."
Er wartete, bis die Mutter eingeschlafen war. Unbemerkt verließ er das Haus und versteckte sich hinter der Schmiede. Von weit her schlug es Mitternacht. Kaum war der letzte Ton verklungen, hörte Wieland leises Trapsen, nur kurz schabte die Tür der Werkstatt.
Dicht an die Wand gepresst, richtete sich der Schmied auf. Durch eine Lehmritze entdeckte er den Wicht. Seinen Wicht! Der spitze, rote Hut saß fest auf dem riesigen Kopf, eine Lederschürze schützte Bart und Bauch. Rasch stellte der Kleine seine silberne Lampe neben dem Amboss ab und spuckte in die Hände.
Wieland stockte der Atem. Im Nu war die Glut entfacht. Mühelos hob der Zwerg den rotglühenden Klumpen auf den Amboss. Aus dem Schurz nahm er einen kleinen Silberhammer, ließ ihn wirbeln und hämmern wie einen Trommel-

stock. Schon lag der erste schlanke Stab am Boden. Der zweite, der dritte, kaum konnte Wieland folgen, da waren alle Roheisenstücke zu feinsten Stangen ausgeschmiedet. Als wäre es nichts, putzte sich der Zwerg flüchtig die Hände an der Schürze, nahm seine Laterne und verließ die Werkstatt ebenso leise, wie er gekommen war.

„So was", benommen blieb Wieland hinter der Schmiede sitzen. „Ich begreif's zwar nicht. Aber schön ist es doch." Erst beim Ein Uhr-Schlagen kehrte er ins Haus zurück.

Die Qualität seiner Arbeit hatte sich längst in Remscheid und Solingen herumgesprochen. Von Monat zu Monat mehrten sich die Aufträge. Um genügend Vorrat an Roheisenblöcken zu schmieden, hatte Wieland drei Gesellen eingestellt. Wöchentlich rollte der Köhlerwagen durch die Furt und brachte neue Holzkohle zum Hammerwerk.

„Ich kann's selbst nicht glauben." Der Schmied befühlte die pralle Geldkatze und kratzte im roten Haarschopf. „Jetzt bin ich ein reicher Mann."

Seiner Mutter kaufte er einen prächtig geschnitzten Lehnstuhl und verwöhnte sie mit pelzgefütterten Hausschuhen. „Damit du im Winter warme Füße hast."

Oft dachte er an den Wicht. Nacht für Nacht schuftete der Kleine unermüdlich in seiner Werkstatt. Und kein gutes Wort, noch nicht einmal einen Händedruck hab ich ihm gegeben. Wieland schämte sich. „So geht das nicht weiter."

Aber wie? Wie konnte er dem Fleißigen seine Dankbarkeit beweisen? Tief grübelte der junge Schmied. Schließlich hielt er den Atem an. Damals beim Fest tanzten die Zwerge nackt herum. Gut, ihre spitzen Hütchen haben sie immer auf dem Kopf. Und des Nachts in der Schmiede trägt der Kleine den Lederschurz nur, um Bart und Bauch nicht anzusengen. Mehr aber nicht.

Entschlossen schlug Wieland die schwieligen Hände zusammen. Sein Plan stand fest. „Kleider. Wie für einen feinen Junker. Und Stiefel für die Zehen. Ich lass mich nicht lumpen, ich mach ihn zum schönsten Zwerg im ganzen Wuppertal."

Mit Samt- und Seideballen unter dem Arm ging der rothaarige Schmied von einem Schneider zum anderen." Bevor ich dir einen Auftrag erteile, zeig mir deine Kinder."

Lange war er unzufrieden, doch endlich hatte er in Remscheid die richtige Schneidersfamilie gefunden. Der Größe nach stellte die Mutter ihre sieben Kinder vor ihm auf. Das jüngste war zwei, das älteste acht.

Wieland schätzte ab und wählte den vierjährigen Jungen. „An ihm nimmst du Maß." Damit überreichte er dem Meister die teuren Stoffe. „Spare an nichts, hörst du. Goldstickerei auf dem Wams vorne und hinten. Überall Schnallen und Knöpfe. Vor allem achte auf die Stiefel. Weich müssen sie sein."

Noch nie hatte der Schneider solch einen wunderbaren Auftrag erhalten. Voller Dankbarkeit lief er hinter dem reichen Schmied her. „Alles vom Besten. Ich versprech's. Dein Sohn wird besser aussehen als ein Junker von Schloss Burg."

„Mein Sohn?" Wieland zögerte, dann nickte er. „Schon recht." Während er zum Hammerwerk zurückging, grinste er übers ganze Gesicht. „So was. Für wen's wirklich ist, das würd mir sowieso keiner glauben."

Und ein Sohn? Er seufzte. Erst muss ich die Richtige finden, dann muss die Mutter einverstanden sein, dann, es kam noch ein Dann. Wieland winkte ab. „Ach was. Daran denk ich später."

Am 24. August, zu Bartholomäus, schickte der Schmied seine Gesellen pünktlich nach Hause. Sorgsam fegte er selbst den Boden und räumte die Werkstatt auf. Erst jetzt nahm er sein Geschenk aus dem Versteck und legte das kostbare Paket gut sichtbar über den Amboss. Noch einmal wischte Wieland den Spiegel blank und stellte ihn daneben. Alles war vorbereitet.

Von weit her schlug es Mitternacht. Das leise Trapsen im Hof. Das Schaben der Schmiedetür. Wieland schob sein Gesicht dichter an die Lehmritze.

Drinnen stellte der Wicht die silberne Laterne ab und spuckte in die Hände. Da entdeckte er das Paket. Die hohe Stirn in unzählige Falten gerunzelt, umschritt

er den Amboss, beugte den Kopf vor und beäugte die feinsäuberlich zusammengelegten Kleider von allen Seiten.
In seinem Versteck öffnete und schloss Wieland immer wieder die Faust.
Jetzt trocknete und wischte der Zwerg gründlich die Hände an der Lederschürze, blickte sich kurz um, entschlossen zog er sie aus und ließ sie achtlos fallen. Erst die weißen Seidenhosen. Das Hemd. Mit jedem Knopf, den er schloss, jedem Riemchen, das er band, straffte der Wicht den zierlichen Körper. Die goldbestickte Weste, darüber den roten Samtrock. Für einen Augenblick fiel das Licht auf seine verkrüppelten Füße. Vier eingekrümmte Krallenzehen an jedem Fuß! „So was", stöhnte der Schmied.
Schnell stieg der Kleine in die weichen Stiefel und rückte die aufgesetzten Schnallen gerade.
Wieland presste staunend die Hand vor den Mund. „So was."
Der Schneider hatte nicht zuviel versprochen. Kein gewöhnlicher Zwerg mehr, ein wahrhaftiger Zwergjunker stand in seiner Schmiede!
Der fein herausgeputzte Wicht rückte sich den Spiegel auf dem Amboss zurecht. Erst ungläubig, mit jedem Blick kühner betrachtete er sein Bild. Sorgfältig schnippte er ein Staubkörnchen von der Schulter, wandte sich nach rechts, nach links, er warf den langen Bart galant über den Arm, drehte sich feierlich im Kreis, schritt nach vorn, trat zurück, und beinah wäre er über die Roheisenklumpen neben dem Amboss gestolpert.
Sofort wurden die roten Augen ernst. Pflichtbewusst bückte sich der Kleine nach der Lederschürze. Plötzlich verzog er den Mund, nur zwischen zwei Fingern und mit etwas Abstand hielt er sich das schmutzige Ding vor den roten Samtrock. So kehrte er zum Spiegel zurück.
Abschätzend wiegte er den grossen Kopf hin und her. Schließlich rümpfte er die kräftige, gerade Nase, öffnete die Fingerspitzen und ließ den Lederschurz wieder fallen. „Kein Junker macht sich die Hände schmutzig. Das geziemt sich nicht." Mit dem Stiefel schubste er die Schürze zu den Roheisenklumpen. „Pfui!" Verächtlich streckte er die Zunge raus. „Schmieden? Ich? Nein, mit dieser

Drecksarbeit ist ein für allemal Feierabend."

Anerkennend zwinkerte er seinem Spiegelbild zu. „Jetzt, da ich so aussehe, hab ich höhere Ziele."

Mit beiden Händen rückte er den spitzen, roten Hut leicht schräg über das rechte Ohr, nahm seine silberne Laterne, ließ sie locker in der Hand schlenkern und verließ pfeifend die Werkstatt.

„So was." Wieland kratzte heftig die roten Locken, mehr wusste er nicht zu sagen.

Am nächsten Morgen lag das Roheisen unverarbeitet neben dem Amboss. „Auch gut." Der rothaarige Schmied löste den Schieber an der Schütte über dem Wasserrad. Die mächtige Eichenwelle drehte sich, wurde schneller, gleichmäßig hoben die Frösche den Bären, und das ohrenbetäubende Pochen des Hammers dröhnte durch das Wuppertal. So war es am nächsten Tag, auch in den folgenden Wochen; so blieb es.

Der nächtliche Helfer kehrte nie zurück.

„Auch gut." Wieland nahm weniger Aufträge an. Doch, um selbst diese pünktlich den Kunden zu liefern, musste er drei weitere Gesellen beschäftigen.

Sein Geschäft blühte unaufhaltsam, und die Geldkatze bekam ein Junges nach dem anderen. „Was will ich mehr?"

Wieland hielt den Atem an. Oder? Erst muss ich die Richtige finden, dann muss die Mutter einverstanden sein, dann... „So was." Er schüttelte den Kopf. „Ach was. Das regel ich anders."

Spät abends, nach einem Fest beim Kohlfurthwirt, drehte Wieland leise den Schlüssel, engumschlungen tappte das verliebte Paar durch den Flur doch kein Sohn kann so leise sein, dass es die Mutter nicht hört. „Bist du allein, Junge?"

„Schon gut, Mutter."

Und bald war alles wirklich in Ordnung.

Das Gottesurteil von Burg

Zum Teufel mit euren Gesetzen!
Sie sind schlecht!

Der Meuchelmord an Engelbert II. hatte das Unheil ausgelöst. Seit diesem 7. November 1225 wuchs die bedrohliche Spannung Jahr um Jahr, und schwarze Wolkenkeile türmten sich über dem Land. Grelle Blitze zuckten.
Gewaltsam riss Adolf von der Mark den größten Teil der Besitzungen des geächteten Mörders an sich. Heinrich, Herzog von Limburg und Graf von Berg, wollte und konnte den Landraub nicht dulden. Rüsten auf beiden Seiten, und hochgerüstet waren die Herrscher 1230 zur offenen Fehde bereit.
Berger gegen Märkische!
Kämpfe, Niederlagen und Siege, keine große entscheidende Schlacht, immer wieder gellte das Kriegsgeschrei, wenn da und dort bewaffnete Trupps aufeinanderstießen.

„Gib uns Beistand", forderte Gerlach von Scherven.
„Mit dir an unserer Seite wird der Plan gelingen", drängte Engelbrecht von Bottlenberg.
Gelassen betrachtete Ritter Gerhard von Steinbach die jungen Männer. Dieser Gerlach, wild und grobschlächtig, ein muskelgestählter Bursche, vor Kampflust mahlten unentwegt die Kieferknochen im breiten Gesicht. Ganz anders der junge Bottlenberg, schmal und sehnig. Über der scharfen Nase lagen fast schwarze Augen in tiefen Höhlen. Allein das Zucken der hochgewölbten Brauen verriet seine Erregung.
Nur junge ungestüme Pferde, nichts anderes seid ihr. Von Steinbach schmunzelte. Sie waren Söhne der befreundeten Nachbarn, tapfer und bei jedem Turnier

erfolgreich. Doch, um auch ein blutiges Treffen mit dem Kampf erprobten Feind siegreich zu bestehen, dazu reichten bloße Kraft und Übermut allein nicht aus. Ritter Gerhard dehnte die Brust. „Es gefällt mir, dass ihr bereit seid, für unsere bergische Sache zu streiten."
Ein rascher, erleichterter Blick zwischen den Jungherren.

Mit beiden Händen strich Gerhard von Steinbach seine kräftige Haarmähne zurück und schritt vor ihnen auf und ab. „Trotzdem: Nein! Ich werde nicht mit euch reiten."

Ehe sie aufbrausen konnten, schnitt ihnen der Ritter das Wort ab. „Mein Entschluss steht fest." Er tunkte den Finger in den Wein und zeichnete auf der Tischplatte die Lage des Schwelmer Walds. „Da wollt ihr kämpfen? Gegen eine Übermacht? In dieser Gegend kennt der Feind jede Lichtung, jeden Graben." Klatschend schlug er mit der Hand auf die Skizze und wischte sie weg. „Euer Plan ist schlecht. Von vornherein aussichtslos."

Adern sprangen am Hals des Junkers von Scherven, jäh flammte ihm die Röte übers Gesicht. „Willst du mich beleidigen?"

„Schweig!" herrschte der Ritter und wandte sich vorwurfsvoll an den jungen Bottlenberg. „Zumindest von dir hätte ich erwartet, dass du inzwischen gelernt hast, auch deinen Kopf zu gebrauchen." Der schmalwüchsige Bursche presste die Lippen aufeinander.

In den Augen der beiden standen Trotz und Enttäuschung. „Wir haben uns geirrt", platzte Gerlach von Scherven heraus. „Ja, früher, da warst du vielleicht mal der unerschrockene Kämpfer, vor dem alle zitterten."

„Geht jetzt. Schnell."

Höhnisch lachte der muskelbepackte Bursche dem Erfahrenen ins Gesicht. „Bleib du nur daheim, alter Mann. Mit den Märkischen werden wir auch ohne dich fertig."

„Hinaus!" donnerte der Ritter.

Der Gedanke an das gefährliche Vorhaben der beiden jungen Edlen liess Gerhard von Steinbach nicht ruhen. „Diese dickschädeligen Kerle!" Vorwürfe quälten ihn. „Viel härter anfassen sollen hätt ich sie."

Am Morgen des geplanten Treffens hielt es ihn nicht länger. Kurz entschlossen gürtete er das Schwert, nahm Lanze und Schild, im Galopp verließ er seine Burg. Regen peitschte ihm entgegen. Als der Ritter endlich den Schwelmer Wald

erreichte, hörte er Gebrüll, Waffenklirren und immer wieder furchtbare Schreie. „Zu spät", fluchte er und saß ab.
Rückwärts stolperte ein Fußknecht aus dem Dickicht, hart bedrängt von einem Berger. Beide verloren den Halt im aufgeweichten Boden, kniend kämpften sie weiter, dann fiel der Märkische, von einem wuchtigen Hieb getroffen, mit dem Gesicht in den Morast.
„Gerlach!" Jetzt erst erkannte der Ritter den von Dreck und Blut besudelten Sieger.
Junker von Scherven keuchte und lachte gleichzeitig. „Du, du kommst zur rechten Zeit." Über die Schulter schrie er: „Sammelt euch! Greift wieder an! Der Steinbach kommt zu Hilfe!" Begeisterte Rufe waren die Antwort.
Der Ritter schüttelte den Kopf. „Ich werde nicht kämpfen.
Unglaube und Zorn wechselten in dem breiten Gesicht. „Du musst. Du musst helfen!"
„Nein, zum Teufel! Zieht euch zurück. Sofort."
„Bastard!" Das Schwert in der Faust, schweratmend stampfte Gerlach los, jeder Schritt wurde vom zähen Schlamm behindert. „Du elende Memme!"

Zwei Stunden später taumelte Engelbrecht von Bottlenberg aus dem Wald. Entsetzt fand er den Freund im aufgewühlten Schlamm liegen, reglos und Blut überströmt.
Hufschlag. Er schirmte die Augen gegen den strömenden Regen. Deutlich erkannte er das Wappen auf dem Schild des Mannes, der langsam durch die Wiesen davonritt. „Mörder!" schrie er, „Steinbach! Du heimtückischer Mörder!"
Für eine Verfolgung war keine Zeit. Hinter ihm tobte das Kriegsgetümmel. Mit verzweifeltem Mut stürzte er wieder zurück ins Dickicht. Doch als noch zehn der besten Knechte gefallen waren, musste er den Kampf verloren geben, und nur durch die Flucht konnten er und die übrigen sich retten.

Schnell verbreitete sich die Nachricht von der schmachvollen Niederlage der

jungen Edlen. „Blinde Draufgänger!" „Übermut!" „Wer so unbedacht das Leben tapferer Männer aufs Spiel setzt, ist nichts anderes als ein leichtsinniger Narr." Nicht nur auf Bottlenberg wurde Engelbrecht mit harschen Vorwürfen überhäuft. Noch tiefer verletzten ihn die stummen, verächtlichen Blicke seiner Freunde.
„Wir hätten gesiegt." Nächtelang ging er auf und ab, unentwegt knetete er die heißen Handflächen. „Mit seiner Hilfe hätten wir gesiegt." Schließlich wurde ihm der Gedanke an Spott und Schande unerträglich.

„Die Schuld unserer Niederlage trägt ein anderer!" So rechtfertigte sich Engelbrecht auf Schloss Burg hoch über der Wupper. „Er hat an uns die schändlichsten Verbrechen begangen und den Ritterstand entehrt." Kalt glitzerten die Augen in den tiefen Höhlen. Mit dem Recht eines freien Adeligen verlangte er von Herzog Heinrich, einen außerordentlichen Gerichtstag anzusetzen. „Vor dem höchsten Tribunal will ich Anklage erheben."
„Überlege es dir", ermahnte ihn der Fürst. „Jeder Mann im Bergischen achtet den Steinbach. Auch ich schätze ihn als treuen, untadeligen Freund." Mit Blick auf die anwesenden Hofräte senkte er die Stimme und drängte: „Besinn dich. Du bist jung, schnell werden die Leute deine Niederlage vergessen. Mit solch einem Prozess aber kannst du deine eigene Zukunft für immer zerstören."
Engelbrecht spannte die Lippen. Erst nach einer Weile hob er den Kopf. „Danke, Herr. Doch nichts wird mich umstimmen. Ich kenne unsere Gesetze und verlange mein Recht."
Herzog Heinrich richtete sich auf. „Seinem Wunsch wird stattgegeben!" Die Stirn gerunzelt befahl er: „Schickt Boten auf alle Burgen des Landes. Zum erstmöglichen Termin haben sich die Schöffen hier einzufinden."
Die noch verbleibenden Wochen nutzte Engelbrecht, seine Anklage vorzubereiten, und zum Gerichtstag erschien der junge Bottlenberg mit starrem Gesicht. Als ihm Gerhard von Steinbach freundlich zunickte, erwiderte er den Gruß nicht. Heftig zuckten die Brauen.

Schwüle stieg aus dem Tal der Wupper. Bald lastete sie auch hoch oben über der Felswand auf dem steilen Schlossberg.
„Warum dieser eilige Termin?" „Was wird verhandelt?"
Keiner der adeligen Schöffen wusste Antwort, und Engelbrecht hütete seine Zunge. Fahrig rückte er den Schwertgurt zurecht, immer wieder wischte er die schweißnassen Hände am Stoff des Umhangs.
In halblautem Gespräch verließen Ritter, Schultheißen und Edle des Landes den inneren Schlosshof und schritten die Wiese zum südlichen Abhang hinunter. Wie gewohnt nahmen sie unter der alten Eiche an der langen Holztafel ihre Schöffenplätze ein.
Bewaffnete hatten das Volk zurückgedrängt. Nur aus gebührender Entfernung war es den Leuten erlaubt, der Verhandlung zu folgen.
Zur festgesetzten Stunde erschien Heinrich, Herzog von Limburg und Graf von Berg, begleitet von seinen Hofräten. Ihnen voran trug ein Edelknabe das blanke Schwert auf den offenen Händen. Fanfarenstöße.
Die Versammelten erhoben sich. Dreimal schlug der Fürst das Schwertblatt auf die Tischplatte. Die Adeligen des Bergischen Landes zückten ihre Waffen und folgten seinem Beispiel, nahmen erst wieder Platz, als der Graf sich auf dem erhöhten Stuhl niedergelassen hatte. Wie es die Achtung vor der Würde des Gerichts verlangte, legte jeder Schöffe sein entblößtes Schwert auf der Tafel ab. Fanfaren.
Gespannt wandten sich alle Augen dem Bevollmächtigten des Grafen zu.
„Wer Anklage auf Leib und Leben gegen eine Person erheben will, der trete jetzt vor, oder er soll den Vorwurf aufgeben und schweigen für immer."
Das Geflüster der Zuschauer erstarb. Sie reckten die Köpfe.
Abrupt sprang Engelbrecht von Bottlenberg auf. Vor dem Stuhl des Herzogs reckte er die Hand. „Bei meinem Eid. Ich klage den Schöffen und Ritter Gerhard von Steinbach des Verrats und des Meuchelmordes an."
Empörte Rufe aus der Menge. Betroffene Blicke der Adeligen.
Die Fäuste aneinander gedrückt, reglos saß der Beschuldigte am Tisch.

„Dieser Mann!" schrie Bottlenberg. „Dieser Mann hat dem Feind unsere Stellung verraten! Nicht genug. Er hat meinen Freund, den mutigen Gerlach von Scherven, überfallen und ihn hinterrücks erschlagen!"

Beide Fäuste hieb Ritter von Steinbach auf die Tafel. „Lügner!" Mit aschfahlem Gesicht erhob er sich. „Jeder der hier Versammelten kennt mich als einen Berger, der mit ganzem Herzen seinem Fürsten dient, der niemals Verrat begehen würde." Scharf sog er den Atem ein. „Vorher schon habe ich versucht, die beiden Edlen von ihrem Plan abzubringen. Am Tag des unseligen Treffens ritt ich zum Schwelmer Wald. Dort traf ich auf den jungen Scherven. Wieder hörte er nicht auf meinen Rat. Im Gegenteil! Er beleidigte mich. Ich nahm es hin. Erst als er mich mit blankem Schwert bedrohte, musste ich zur Waffe greifen." Er hob die Hand zum Schwur. „Bei Gott, ich habe Gerlach von Scherven im ehrlichen Zweikampf getötet." Er schwieg, seine Lippen bebten.

Lange blickte Herzog Heinrich den Ritter an, schließlich wandte er sich dem Ankläger zu. „Wehe dir, wenn du zu Unrecht die Ehre eines meiner Besten in den Schmutz ziehst."

„Ich spreche die Wahrheit!" Die schmale, sehnige Gestalt streckte sich zur vollen Größe. „Zwölf Männer werden es bezeugen."

Tumult entstand in den Reihen der Zuschauer. Sofort senkten die Wächter ihre Lanzen, und Ruhe kehrte ein.

Der erste Fußknecht trat vor die Schöffen hin. „Wir hatten uns noch gar nicht aufgestellt, da fällt der Feind schon über uns her." Er rieb die Stirn und nickte. „Ja. So war's. Wir ziehen uns zurück, um uns wieder zu sammeln. Plötzlich kommt der von Steinbach aus der Richtung, wo die Märkischen warten. Unser Gerlach hat ihn noch gar nicht bemerkt, da schlägt ihm der Steinbach das Schwert in den Hals." Den Blick fest auf den Boden gerichtet, nickte er. „Ja. So war's."

Der Herold befahl ihm, zur Seite zu treten und rief nach dem zweiten Zeugen.

„Wir hatten uns noch gar nicht aufgestellt, da fällt der Feind schon über uns her. Wir ziehen uns zurück, um uns wieder zu sammeln. Plötzlich ..." Angestrengt überlegte der Kerl und sprach weiter: „Ja. Plötzlich kommt der Steinbach aus der Richtung ..."

„Wir hatten uns noch gar nicht aufgestellt ..." begann der dritte Zeuge, auch der vierte, der fünfte wie auch die folgenden. Selbst im Tonfall glichen sich die Sätze, keine Aussage wich auch nur um ein Wort von der vorigen ab.

Der Bevollmächtigte entließ die Fußknechte.

In ohnmächtigem Zorn schrie Gerhard von Steinbach auf: „Lüge! Infame Lügen!" Scharf befahl ihm der Graf zu schweigen. „Du hast deine Redezeit gehabt. Wage es nicht, den gesetzlichen Ablauf der Verhandlung zu stören."

Seine Fäuste gegen die Schläfen gepresst, starrte der Beschuldigte den Zeugen nach. Schweigend öffnete sich die Mauer der Volksmenge, und mit gesenkten Köpfen, hastig verschwanden die Knechte in der Gasse.

Engelbrecht von Bottlenberg verschränkte die Arme vor der Brust, in den tiefen Augenhöhlen kalter Triumph, als die Schöffen zur Beratung ihre Plätze verließen. Wind kam auf. Heftig fuhr er ins Geäst der mächtigen Eiche.

Nach kurzer Zeit schon kehrten die Adeligen zurück. Ohne Gegenstimme hatten sie den Spruch gefällt.

„Das Gericht befindet den Ritter Gerhard von Steinbach des Verrates und des Meuchelmordes für schuldig. Er soll Ehre, Besitz und alle Ämter, die er im Land bekleidet, verlieren. Überdies ist er in die Acht zu geben."

Langsam nahm Heinrich, Herzog von Limburg und Graf von Berg, sein Schwert, kehrte es um und schlug den Knauf dreimal auf die Holztafel. Das Urteil war bestätigt. Die Lebensader des Ritters zum Herzen des Bergischen Landes sollte durchschnitten werden.

Erschüttert schwieg das Volk. Steif saßen die Schöffen auf ihren Plätzen, Unzufriedenheit stand in jedem Gesicht.

Was geschieht hier mit mir? Wild fuhren seine Finger zum Kopf, rissen im Haar, die Mundwinkel des Verurteilten zuckten. Wie sie dahocken, diese ehrbaren Herren! Keiner von ihnen glaubt diesem Bottlenberg. Und doch werde ich ausgestoßen! Nur weil ich meine Unschuld nicht beweisen kann. Was ist das für eine Gerechtigkeit? Verzweifelt versuchte er, die tobenden Gedanken festzuhalten. Eine Lüge kann doch durch falsche Zeugen nicht zur Wahrheit werden. Gerhard bäumte sich auf. „Niemals!" Sein Schrei übertönte das Rauschen des Windes im Blattwerk der Eiche und hallte bis hinauf zu den Mauern und Zinnen. Das Schwert in der Faust, schweren Schritts näherte sich der Ritter dem erhöhten Stuhl seines Fürsten. „Diesem Spruch kann ich mich nicht beugen."

Heinrich runzelte die Stirn. „Sobald du diesen Gerichtsplatz verlässt, bist du ein Geächteter und vogelfrei." Bedauern schwang in der Stimme. „So lautet das Gesetz."

Gerhard von Steinbach wandte sich ab, rief nach seinem Knappen und ließ Pferd, Schild und Lanze bringen.

Er strich das Haar zurück, zornlodernd zeigte er auf den jungen Bottlenberg. „Verleumder! Jeden deiner Eideshelfer hast du bestochen!" Damit schleuderte er ihm den Handschuh vor die Füße. „Ich fordere dich zum Zweikampf. Du oder ich. Gott duldet nicht, dass ein Unschuldiger unterliegt. Er wird der Wahrheit den Arm stärken."

Engelbrecht fuhr zurück, seine Brauen zuckten, in den Augen flackerte blanke Angst.

Schon nickte der Fürst. Befreites Aufatmen bei allen Schöffen. Den höchsten Richter anzurufen, dieses Recht stand dem Ritter zu. „Ja! Gott soll urteilen."

„Wartet", keuchte der junge Bottlenberg. „Ein Zweikampf? Mit einem Ehrlosen, mit einem Geächteten?" Er hastete die lange Tischreihe entlang. „Ihr alle wisst es. Diese Forderung verstößt gegen Brauch und Sitte. Niemand kann solch einen unwürdigen Kampf von mir verlangen."

Gerhard von Steinbach hörte das Gemurmel, sah das bedauernde Achselzucken der Versammlung, als der Herold den Zweikampf verbot, brüllte der Fassungslose: „Zum Teufel mit euren Gesetzen! Sie sind schlecht!"

„Mäßige dich!" Graf Heinrich hieb die Faust auf die Tafel.

„Mäßigen?" Furchtlos starrte der Ritter seinen Herrn an. „Wozu noch?" Immer wieder schlug er sich den Schwertknauf gegen die Brust. „Hier steht ein

Unschuldiger." Mit bebender Stimme rief er der Versammlung zu. „Alles habt ihr mir mit euerm Gesetz genommen. Und jetzt verlangt ihr auch noch Mäßigung?" Der Herold hob beschwichtigend die Hände. „Steck dein Schwert ein. Nur den Zweikampf haben wir verworfen. Du hast Gott zum Prüfer angerufen. Also wähle." Schnell bot er die Feuer- oder Wasserprobe, den Gang über glühende Pflugscharen oder die Stabprobe an. Verächtlich winkte Gerhard ab. „Ich kann nicht warten, ob Brandwunden heilen, es dauert mir zu lange, bis ein Stock Wurzeln schlägt." Wieder hob er die Stimme. „Meine Ritterehre! Mein Leben steht auf dem Spiel. Jetzt will ich den Beweis. Jetzt und hier!"
Schweigen. Ratlosigkeit. Dann entschlossene Schritte. Schon hatte der Ritter sein Pferd erreicht, stieg auf, vom Knappen ließ er sich Lanze und Schild reichen. „Gott ist der Hüter des Rechts!" Damit fasste er den Zügel, riss das Tier herum, seine Fersen hieben in die Flanken, schnaubend bäumte der Rappe sich auf, und im Galopp sprengte Gerhard von Steinbach den steilen Abhang hinunter.
Entsetzen lähmte Volk und Richter.

Schneller wurde der Ritt. Steine spritzten, die Hufe schleuderten Büsche zur Seite, Geröll löste sich, unerbittlich trieb der Ritter das Tier, Brocken rollten, polterten ihm nach, schneller, er hielt direkt auf den jähen Abgrund zu. Schrill wieherte das Pferd, und aus vollem Lauf hetzte es der Ritter über den Rand der Felswand hinaus.

Nach unendlich zähen Herzschlägen hörten Volksmenge und Richter das furchtbare Klatschen tief unten von der Wupper her. Zugleich rannten sie los, Leute, Wächter, die Adeligen schlossen sich an, selbst Herzog Heinrich hielt es nicht länger. Atemlos erreichten sie den Felsvorsprung und standen reglos.
Den Schild in der Linken, die Lanze aufrecht in der Rechten, so lenkte Gerhard von Steinbach das Pferd aus dem tiefen Wasser. Als er sicher die gegenüberliegende Uferböschung erreicht hatte, wandte er sich im Sattel um.
Immer noch stürzte Geröll nach, polterten Steinbrocken die hohe Felswand

hinunter. Drohend reckte er die Lanze. „Auf dieser Bahn soll alles Grün verdorren. Nie mehr werden dort Strauch, Gras oder Moos wachsen." Seine Stimme schallte hinauf bis zu den Adeligen des Bergischen Landes. „Ihr kleinen Richter! Niemals sollt ihr es vergessen: Gott steht über euren Gesetzen!"
Ein kurzer Schenkeldruck, der Rappe trabte an. Den Schild in der Linken, die Lanze aufrecht in der Rechten, ohne das Rufen zu beachten, ritt Gerhard von Steinbach davon.

Der Schneider von Wald und das teuflische Geschäft

Besser wird's.
Mir fällt schon was ein.

Nur ein Ei fand er im Nest. Bartholomäus ließ die schmächtigen Schultern sinken. Vor ihm gackerten die beiden Hennen, aufgeplustert stolzierte der Hahn um sie herum. „Und für ein Einziges macht ihr solch ein Spektakel!"

Schweren Herzens trug der magere Schneider das Ei in die Küche. Am Tisch hockten sieben dünne Kinder, sieben hungrige Augenpaare blickten aus blassen, spitznasigen Gesichtern den Vater an. Verstohlen wischte seine Frau Sabina die Träne von der Wange, ratlos zeigte sie auf das Ei. „Und wer darf es essen? Alle haben doch Hunger."

„Mir fällt schon was ein." Das sagte Bartholomäus oft, sagte es, um selbst nicht den Mut zu verlieren.

Allein von Tag zu Tag knurrte die Not lauter aus den Mägen der Kinder. Geschwächt fieberten sie, husteten. Der Kummer hatte sich tief ins Gesicht seiner Sabina geschnitten und längst ihr Lachen vertrieben.
Heftig zupfte er am spärlichen Kinnbart, lief hin und her, mit einem Mal leuchteten seine Augen. „Die Leute behaupten, dass neun Schneider an einem Ei genug haben." Er klatschte in die Hände. „Wir sind genau neun. Also werden wir es beweisen. Nimm viel Mehl", forderte er seine Frau auf, „dazu Wasser, das Dotter schön verrührt und gewürzt mit Salz."
„Ach, Barthel, was du redest! Auch gestern ist dir nichts anderes eingefallen", seufzte Sabina.
„Ich weiß." Damit setzte sich der Schneider und stützte den Kopf in beide Hände.
Kaum stand der Pfannkuchen auf dem Tisch, zwang er sich erneut zur Fröhlichkeit. Wie ein Koch bei Leckerbissen ließ Bartholomäus die Kinder den Duft schnuppern, laut sprach er das Dankgebet, teilte jedem ein Stück zu, gab seiner Frau und hatte sich selbst vergessen. Schweigend schob ihm Sabina die Hälfte ihrer Pfannkuchenecke hin.

„Ach, Barthel, was soll nur werden?" fragte sie nach dem Frühstück.
„Besser wird's", tröstete er. „Heut fängt ein neuer Monat an. Du wirst sehen, im April haben wir endlich wieder Glück."
Doch welchen Hoffnungsschimmer er auch erfand, wie überzeugt er selbst daran glaubte, Worte allein gaben Sabina keinen Trost mehr.
Geld fehlte im Schneiderhaus, das war immer so, mittlerweile aber fehlte es sogar für das Allernötigste. Nach durchlittenen Kriegswirren, gefolgt von Dürre und schlechter Ernte, erging es den einfachen Menschen im Bergischen Land schlecht, und seit Monaten brachten die Bewohner von Wald nur verschlissene Kleider zum Flicken oder Ausbessern. Mit den wenigen Stubern war gegen die bittere Not nichts auszurichten. Der Kaufmann schüttelte empört den Kopf und zeigte auf das vollgekreidete Schuldenbrett. Ohne Geld wollte der Apotheker

keine Medizin mehr geben. Selbst der Lehrer schickte die Kinder nach Hause, ABC und Rechnen verriet er nur gegen Bezahlung.

Schneider sind furchtsam und verlieren schnell den Mut! Vielleicht verdienten andere den Spott. Ein Held war Bartholomäus nicht, aber: „Besser wird's." Daran hielt er unbeirrt fest. „Einer darf die Hoffnung nicht aufgeben, sonst zerbricht uns das Elend ganz." Tapfer lächelte er seiner Frau zu, ging in den engen Nebenraum, auf seinem Tisch faltete er die Beine, legte Flicken und zerrissene Hose zurecht und fädelte den Zwirn durchs Nadelöhr. Die Werkstatt verdiente nicht den Namen. Durch die Mauerluke dicht unter der Decke fiel ein eckiger Strahl Tageslicht in den engen Raum. Vom Qualm der Ollampe tränten die Augen, und die Glut unter dem Bügeleisen erhitzte die stickige Luft.

Im letzten Jahr hatte Bartholomäus einem Vogelhändler das Wams geflickt. Der Mann bezahlte nicht den verabredeten Lohn, sondern bot einen bunten Zeisig, mehr konnte er für die Arbeit nicht geben.

Mit stummem Vorwurf stand Sabina in der Werkstatt.

„Sorg dich nicht. Gezwitscher ist gut fürs Geschäft", beschwichtigte Bartholomäus. „Es lockt die Kundschaft an."

Zwei Stunden sang der Vogel im düsteren, verräucherten Raum, dann schloss er den Schnabel und ließ die Flügel hängen.

„Wie recht du hast. So ein kleines Tier kann es hier auch nicht aushalten." Ohne Zögern hatte Bartholomäus dem Zeisig die luftige Freiheit zurückgegeben. Seitdem pfiff er selbst. Die wohlhabenden Bürger des Ortes erkannte er am Schritt. Sofort sprang er vom Tisch, stieg an der Wand auf den Stuhl und grüßte zur Fensterluke hinaus. „Das pflegt die Kundschaft."

„Ach, Barthel, was nutzt dein Hin- und Herwibbeln noch?"

Sabina dachte an die sechs Jungen, an Martha, ihre Älteste, alle waren sie so dünn, verstohlen wischte die Mutter eine Träne von der Wange.

Am dritten April gegen Mittag klopfte es. Ohne das Herein abzuwarten, zwängte sich der reichste Grundherr von Wald durch die schmale Tür, dicht hinter ihm folgte seine rundgenährte Tochter. Über dem rechten Arm trug sie feinen weißen und über dem linken festen schwarzen Stoff. Der Bauer verlor keine Zeit. „Mein Kind heiratet zum Maitag. Ich will einen neuen Rock." Mit dem Daumen zeigte er auf die Tochter. „Für sie machst du das Brautkleid. Am Letzten im April muss alles fertig sein."

„Aber kein Schnickschnack, verstehst du. Geh sparsam mit unserm teuren Stoff um." Den Rock ohne Taschen und Knöpfe. Keine Rüsche, nicht eine überflüssige Falte am Hochzeitskleid.

Bartholomäus widersprach nicht, wunderte sich still und nahm Maß an der Leibesfülle des Gutsherrn und seiner üppigen Tochter. „Wenn's uns gefällt, zahl ich dir vierzig Stuber."

Das war nicht viel, noch nicht einmal ein ganzer Taler, doch viel mehr als gar nichts.

Kaum hatte die Kundschaft das ärmliche Schneiderhaus verlassen, rang Sabina nach Atem. „Ach, Barthel." Bewegt presste sie die Hand vor den Mund.

„Ich hab's gesagt. Besser wird's!"

Und der Schneider pfiff, während er zuschnitt, wachste den Zwirn, auf dem Tisch faltete er die Beine und nähte. Bei der ersten Anprobe verlangte der Bauer zwei Taschen außen, eine innen und Knöpfe von oben bis unten.

Nur zu gern war Bartholomäus einverstanden.

„Mehr Arbeit bringt mehr Lohn." Lachend drückte er Sabina an sich.

Auch der kräftigen Tochter genügte das schlichte Kleid nicht. Gepaspelte Nähte, Falten und Spitzenrüschen rundherum. Gebannt sah sie den flinken Fingern des Schneiders zu. Schließlich befahl die rundliche Jungfrau: „Du musst dich stechen."

Bartholomäus gehorchte. Als er den Blutstropfen vom Finger leckte, hob und senkte die Braut zufrieden den Busen. „Jetzt hab ich Glück in der Ehe."

Am frühen Nachmittag des 30. April versammelte der Schneider seine Familie in der Werkstatt. Feierlich spuckte er ans Hochzeitskleid und in die Tasche des Rocks. „Damit's auch wirklich gefällt."

Er drehte Sabina im Kreis. „Den Kaufmann bezahlen wir. Endlich gibt's gute Medizin gegen den Husten." Wie ein Lehrer blickte er von einem spitznasigen Gesicht zum anderen. „Bald ist Schluss mit der Faulenzerei." Keins der Sieben zeigte sich erfreut. Sabina faltete die Hände. „Ach, Barthel, was du erzählst! Mir genügt schon, wenn wir genug zum Essen haben."
Vergnügt glättete Bartholomäus die spärlichen Kinnhaare, zog das Sonntagswams an, während er zum Gutshof eilte, wetteiferte sein Pfeifen mit dem Gezwitscher der Vögel.
Zunächst prüfte der beleibte Bauer die Stoffreste. „Sparsam warst du nicht." Am neuen Rock mäkelte er herum, und mit heruntergezogenen Mundwinkeln begutachtete er das Hochzeitskleid.
„Dreißig Stuber geb ich für alles. Keinen Heller mehr."
Eine Faust grub sich in den Magen. Bartholomäus öffnete den Mund und schloss ihn wieder ohne ein Wort. Das Blut war ihm aus dem abgezehrten Gesicht gewichen.
Gründlich trocknete der Gutsherr seinen mächtigen Nacken, bevor er den Geldbeutel vom Gürtel löste. „Hier hast du schon mal fünf Stuber." Gönnerhaft zählte er sie dem Schneider hin." Im Juni gibt's wieder fünf, und nach sechs Monaten hab ich dann alles bezahlt."
Die Knie versagten. Bartholomäus musste sich am Tisch festhalten. „Sieben Kinder sind's, Herr", keuchte er. „Die Frau. Auch ich. Versteh doch, wir haben Hunger."
Ungerührt zeigte der dickleibige Bauer zur Tür. „Nun verschwinde. Morgen ist Hochzeit. Ich hab zu tun. Zwei Schweine müssen noch auf den Spieß."
Bartholomäus schlich davon. Fünf Stuber! Sie brannten in der Hand. Ach, Sabina. Er sah ihre Tränen, sah die tiefen Hungerhöhlen der Kinder. Wie sollte er sie trösten?" Im Mai wird's besser", flüsterte er. Die eigenen Worte verhöhnten ihn. An Hoffnung glaubte Bartholomäus nicht mehr. Trotz der lauen Luft fror und zitterte er. „Nein. Jetzt zerbricht uns das Elend doch."
Als der Verzweifelte aufblickte, stand er vor dem Wirtshaus gleich hinter der

Kirche. Er rieb die kleinen Münzen. „Ob fünf oder vier, satt wird keiner davon." Niedergeschlagen betrat er die Schankstube.
Leichtes Gelächter, halblaute Rufe, da und dort saßen bereits die ersten Gäste zusammen. Vergnügte Vorfreude. Der Abend war jung, noch hatte der Spielmann den Fiedelbogen nicht gespannt, noch stand das Rad der Feier still, erst der Tanz würde es drehen, damit es bis in den Morgen des Maitages rollte.
Abseits, mit dem Rücken zu den Leuten hockte sich Bartholomäus an einen Tisch. Den Kopf gestützt starrte er in den Bierkrug, trank und starrte ins Bier.
Heftig schlug ihm jemand auf die Schulter. Bartholomäus schreckte hoch. Neben ihm lachte ein Fremder, Stiefel und grünes Wams vom Besten, breitbeinig stand er da, den Weinbecher in der Faust. „So sieht nur ein Schneider aus! Dürr, den Rücken krumm und ein verhageltes Gesicht!" Lärmend rückte er den Schemel näher und setzte sich. „Jetzt trinkst du mit mir." Schon bestellte er neuen Wein.
Bartholomäus wehrte ab, suchte nach Entschuldigungen, nichts ließ der Fremde gelten, schließlich gestand der Schneider: „Ich kann nicht bezahlen."
„Aber ich. Trink. Du bist mein Gast." Damit zeigte er seine pralle Geldkatze und drückte einen Dukaten heraus. Ehrfürchtig bestaunte Bartholomäus das blanke Goldstück.
„Davon hab ich genug, und wenn ich will noch mehr." Er prostete dem Verwirrten zu. „Also, zier dich nicht."
Nachdem sie den zweiten Becher geleert hatten, taute der Wein die kalte Leere in Bartholomäus. „Und was willst du ausgerechnet von mir? Ich habe nichts. Nichts gelingt mir. Meine Frau und die Kinder hungern. Ich bin eben ein armer Schneider."
„Mit einem Ziegenbart!" polterte ihm der Grüngekleidete ins Gesicht. Abrupt brach er das Gelächter ab, näher rückte er den Schemel. „Und genau so einen wie dich hab ich gesucht", raunte er hinter vorgehaltener Hand. „Du hilfst mir, und ich helf dir. So einfach ist das."
Verständnislos schob Bartholomäus den Becher hin und her.

„Ein sauberes Geschäft." Schnell erzählte der Fremde, prahlte. Ganz gleich ob er nach Solingen, Langenfeld oder Hilden kommt, jeder Wirt im Bergischen Land deckt für ihn den Tisch, und überall hat er gute Freunde. „Weil ich bezahlen kann. Dabei bin ich nur ein einfacher Jäger." Er schlug sich gegen die Brust. „Egal wieviel ich auch spendiere, jeden Morgen ist meine Geldkatze neu gefüllt. So geht das schon seit sieben Jahren."
„Ein Wunder", hauchte Bartholomäus.
„Ach was." Der Finger des Fremden deutete zur Decke. „Von dem da oben kriegst du gar nichts." In seinen Augen blitzte gefährliches Licht, er zeigte zum Boden. „Aber von dem bekommst du, was du willst. Ich hab einen Pakt geschlossen."
Heftig zuckte die Hand des Schneiders. Der Wein schwappte aus dem Becher. „Mit dem Bösen?"
„Ja, mit dem Teufel." Breit grinsend fuhr der Jäger fort. „Du wirst sehen, so hinterlistig ist der gar nicht, wie die Pfaffen erzählen. Mit mir hat er ein sauberes Geschäft gemacht."
Sofort sprang Bartholomäus auf. Kein Wort länger wollte er bleiben. Hart umschloss der Fremde sein dünnes Handgelenk und zwang ihn auf den Hocker zurück. „Deiner Familie geht es schlecht. Bald wird das erste Kind verhungert da liegen. Was bist du nur für ein erbärmlicher Vater!"
Beschämt schlug der Schneider die Augen nieder.
„Na, siehst du." Wieder schenkte der Fremde nach. „Mein Pakt mit ihm da unten läuft um Mitternacht ab. Du kannst ihn übernehmen."
Die Gedanken wirbelten. Fetzen leuchteten auf. Genug Geld! Sogar mehr, als nur für das Nötigste. Sabina lacht den ganzen Tag. Die sechs Buben halten sich nach dem Essen die runden Bäuche. Selbst Martha, die Älteste, hat etwas angesetzt und ist nicht mehr ganz so dürr und hässlich. Welch ein Leben!
Nur widerstrebend wischte Bartholomäus die Bilder weg. Weder vom Wein noch vom schönen Gerede des Fremden durfte er sich betäuben lassen. „Warum bietest du mir den Vertrag an? Ausgerechnet mir?"

„Weil ich dich mag und weil du mir leid tust." Großmütig legte ihm der Jäger den Arm um die Schulter. „Weil du mein Freund bist."
Wer so schnell Freundschaft schließt, der versteckt einen Pferdefuß. „Warum?"
„Also, gut." Jetzt dehnte der Grüngekleidete die Worte. „Also, das ist so." Für genau sieben Jahre wird solch ein Pakt abgeschlossen. Während dieser Zeit verpflichtet sich der Teufel, dem Vertragspartner jeden Wunsch zu erfüllen. „Und er lässt es sich was kosten. Der Kredit ist unbegrenzt." Liebevoll tätschelte der Fremde die Geldkatze. „Nach Ablauf der Frist erhält der Teufel dafür die Seele."
Ehe Bartholomäus entsetzt ablehnen konnte, legte ihm sein Nachbar den Finger auf den Mund. „Warte. Zwei Klauseln gibt's, und die retten jeden. Wenn der Teufel irgendeinen Wunsch nicht erfüllen kann, dann hat er die Seele verloren." Er zuckte die Achsel. „Das hab ich versucht, aber dieser Satan brachte mir alles. Doch die zweite Möglichkeit ist einfach. Finde ich einen, der meinen Vertrag übernimmt, dann war die schöne Zeit kostenlos, und ich bin schuldenfrei." Offen blickte er Bartholomäus an. „Ein sauberes Geschäft. Glaub mir, ich kenne viele, die sich drängeln, bei mir einzusteigen. Aber nein, meine Wahl fiel auf dich, du sollst mein Nachfolger werden. Und warum?" Vor Rührung schluckte er. „Weil du mein Freund bist und weil du Hilfe bitter nötig hast."
Heftig zupfte der Schneider an den spärlichen Kinnhaaren. Sieben Jahre. Sieben fette Jahre! Und in dieser langen Zeit finde ich ganz sicher einen Nächsten, der dann meinen Vertrag übernimmt. Plötzlich hörte der Schmächtige wieder den Satz. „Im Mai wird's besser." Wie leicht klangen die Worte.
„Abgemacht." Sofort zog ihn der Jäger vom Hocker hoch. „Komm mit. Der neue Vertrag muss noch vor Mitternacht unter Dach und Fach."
Rasch, ohne Ohr für die Festmusik, ohne Blick für die Tanzenden, verließen sie das Gasthaus.
Draußen vor dem Ort, am Rand der Wegkreuzung gleich hinter dem Schilfweiher, blieben sie stehen. Eine laue mondlichte Nacht. Vom Tümpel her trug der sanfte Wind das Geflüster der Pappeln und das Quaken der Frösche herüber.

„Warte hier. Lauf nicht weg", flehte der Jäger. Alle Großspurigkeit war gewichen, am ganzen Leib zitternd tappte er bis in die Mitte der Kreuzung. Halblaut rief er nach dem Teufel.

Im selben Augenblick stand ein eleganter Herr vor ihm, allein der eindringliche Schwefelgeruch störte die distinguierte Erscheinung. In glattem Schwung schlug er den Mantelumhang zurück und verschränkte die Arme vor der mattglitzernden Weste. „Pünktlich zur Stichnacht, mein Freund. Erst in zwei Stunden wird der Kredit fällig. Sogar überpünktlich, das gefällt mir." Kleinlaut erinnerte ihn der Jäger an die Klauseln des Paktes. „Ich weiß, mein Freund. Ich weiß." Teuflisch zuvorkommend nickte der Herr.

Mit der Hand winkte sein Vertragspartner Bartholomäus näher. „Auch wenn's schwer war." Seiner heiseren Stimme war die Erleichterung anzuhören. „Zum Schluss hab ich doch noch einen Nachfolger gefunden. Hier, das ist er. Ein Schneider."

In kurzen Schritten umlauerte der Böse den schmächtigen Mann. „Du bist also mit allen Punkten des Vertrages einverstanden?"

Schweren Herzens sog Bartholomäus den Atem ein. „Ja, es muss sein."

„Das gefällt mir. Schneider, die hab ich besonders gern. Mit denen gab's noch nie Schwierigkeiten." Ein hartes Fingerschnippen zum Jäger. „Verschwinde. Unser Geschäft ist beendet."

Auf dem Absatz drehte der Erlöste sich um und rannte davon. Sein Jubel übertönte noch das Quakkonzert der Frösche.

„Jetzt zu dir." Erneutes Schnippen. „Komm, mein Freund. Hierher zu mir." Wortlos gehorchte Bartholomäus. „Eine letzte kleine Formalität, dann haben wir alles geregelt."

Genau auf der Mitte der Wegkreuzung hockte eine fette Kröte, und über ihrem warzigen Leib besiegelten sie den Pakt mit einem Handschlag.

Tief verneigte sich der feine Herr. „Vertragsbeginn um Mitternacht. Ab dann bin ich für sieben Jahre dein untertänigster Diener. Was wird dein erster Wunsch sein?"

„Geld. Wenn's möglich ist", stotterte Bartholomäus.
„Das dachte ich mir. Alle meine Kunden wollen Geld." Ein zufriedenes Grinsen.
„Wieviel darf's denn sein?"
Unsicher zupfte der Schneider am Bart. Er rechnete den Lohn für Rock und Brautkleid zusammen. „Zwei Taler, wenn's möglich ist." Der Böse fasste sich ungläubig ans Ohr. Leise wiederholte Bartholomäus die Bitte und setzte hinzu: „So viel hätte ich heute verdient."
„Mit euch Schneidern lässt sich's leicht Geschäfte machen. Das gefällt mir." Während der teuflisch Feine den Mantelumhang schloss, lachte er vergnügt. „Nun geh getrost nach Hause. Beim Zwölf-Uhr-Schlagen findest du die Taler im Hosensack." Spöttisch dienerte er wieder. „Stets bin ich für dich da. Was du auch verlangst, sprich es aus, und schon wird's erfüllt."
Mit klopfendem Herzen schlich Bartholomäus zurück. Drüben vom Gasthof drang Tanzmusik herüber, sonst war es still in Wald. Kurz bevor er das schmalbrüstige Schneiderhaus erreichte, schlug es Mitternacht. Atemlos griff er in die Tasche. Zwei Taler! Die Kinder schniefen und husteten im Schlaf. Vorsichtig kroch Bartholomäus zu Sabina auf das harte Lager. Sie erwachte. „Ach, Barthel, gut, dass du da bist", flüsterte sie und suchte seine Hand. „Ich hab schlecht geträumt."
Der Schneider legte sich zurück.
„Hat er bezahlt?"
„Mehr als genug."
„Ach, Barthel, was redest du da", murmelte sie und seufzte noch: „Wenn's doch wahr wäre." Damit schlief sie, eng an ihn gedrückt, wieder ein.

Beim Krähen des Hahns rief Bartholomäus laut: „Besser wird's!" und weckte die ganze Familie. Zwei Taler legte er vor Sabina hin. Ja, der Bauer hatte ihn für Rock und Brautkleid gut entlohnt. Seine Frau konnte das Glück kaum fassen, fragte nicht weiter, zu nötig war das Geld.
Sofort beglich sie beim Krämer alle Schulden. Beim Apotheker kaufte sie Medi-

zin gegen den Husten. In der Kirche zündete sie eine Kerze an und dankte im stillen Gebet. Als Sabina ihrem Mann davon berichtete, fuhr er zusammen. In ihrer Erleichterung bemerkte sie es nicht.

Tag für Tag blickten sieben Kinder satt und zufrieden auf ihre leergegessenen Teller. Zwei Wochen schon lebte die Familie zum ersten Mal frei von Hunger und Sorge! „Ach, Barthel, mein Barthel!" Überglücklich küsste ihn seine Frau. „Auch wenn es uns bald wieder schlechter geht. Du bist ein tapferer Mann."

„Besser wird's noch. Mir fällt schon was ein."

Allein in der düsteren, stickigen Werkstatt faltete Bartholomäus die Beine und zupfte nachdenklich am Kinnbart. Nur wenige Stuber waren noch übrig. Endlich hob er den Kopf und pfiff. Den teuflischen Partner einfach um weitere Taler bitten, wollte er nicht. Niemals durfte seine Sabina von dem Pakt erfahren.

Arbeit will ich. Und etwas Unterstützung möchte ich, damit auch der reichste bergische Dickschädel meinem ehrbaren Handwerk Respekt zollt.

Bartholomäus nickte, sein Plan stand fest. „Hörst du mich?" Sofort war der Teufel zur Stelle und schnippte ein Stäubchen vom dunkelblauen, nadelgestreiften Rock. „Wieviel diesmal, mein Freund?"

Der plötzliche Anblick schnürte die Stimme. „Keinen Stuber." Verzagt schluckte der Schneider und fädelte einen langen Zwirnsfaden durchs feine Öhr. „Bring mir betuchte Kundschaft, wenn's möglich ist." Endlich fand er den Mut wieder. Mit der Nadelspitze deutete er in alle Himmelsrichtungen. Nicht allein aus Wald, von Solingen und Remscheid, von Hilden und Düsseldorf, aus Leverkusen und auch von Elberfeld sollten sie kommen. Natürlich nicht alle zugleich. Schön nacheinander. „Einen guten Vorschuss von jedem. Und keine Beschwerden, wenn das bestellte Gewand nicht schnell genug fertig ist." Bartholomäus atmete hastig. „Und nachher sorgst du dafür, dass meine Arbeit anständig und sofort bezahlt wird."

Ärgerlich zog der Partner die Brauen hoch. „Sonst noch etwas?"

„Nein, das genügt." Bartholomäus wunderte sich über seine Kühnheit. „Fürs erste." Er schmunzelte und steckte die Nadel ins kleine Kissen.

Als Sabina kurz darauf die Werkstatt betrat, rümpfte sie die Nase. „Heute riecht es hier besonders schlecht. Ach, Barthel, du erstickst mir noch."
„Wart's ab", er klatschte in die Hände, „auch das wird besser."
Gleich der erste Kunde wollte vollständig neu eingekleidet werden, von den Stoffgamaschen bis zum Mantel.
Nacheinander kamen die Betuchten, bald kamen sie von überall her. „Wer was auf sich hält, lässt beim Schneider in Wald seine Kleider fertigen."
Und Bartholomäus pfiff vergnügt, während er zuschnitt, steppte und nähte. Für Mütter, Väter, Kinder, für Bräute und Hochzeiter, ob es für Taufen oder Beerdigungen war, jeden Auftrag erfüllte er zur vollsten Zufriedenheit. Nur selten fand er noch Zeit, einen der wohlhabenden Walder Bürger durch die schmale Mauerluke zu begrüßen. Abends lag er zwar erschöpft, aber zufrieden neben seiner Sabina.
Ruhig schliefen die Kinder, keins hustete mehr. „Wie still die Nacht ist", flüsterte er.
Sabina legte die Hände zusammen. „Wir sollten ein Dankgebet sprechen."
Sofort stellte Bartholomäus sich schlafend.

Das Geschäft war erblüht, die Not endgültig aus dem Haus getrieben, und der Schneider rief nach seinem Partner. „Vergrößere meine Werkstatt ums Doppelte. Ich habe zwei Gesellen eingestellt." Die Lichtluke oben in der Mauer sollte verschwinden. „Dafür ein großes Fenster. Und an der Seitenwand noch eins. So sehen mich die Leute, außerdem ..." Bartholomäus stockte nur kurz und setzte hinzu: „Außerdem kann ich gleich lüften, wenn du herkommst."
Der Nadelgestreifte überhörte die letzte Bemerkung und zählte bereits Dukaten für Steine, Holz und Handwerker auf den Tisch. Streng wehrte der Schneider ab. Nein, sein Partner selbst sollte zupacken.
„Ich? Arbeiten?" empörte sich der Höllenfürst.
„Keine Widerworte." Bartholomäus hob die Hand. „Es sei denn, du willst mir den Wunsch nicht erfüllen."

Kaum war die Werkstatt erneuert, ließ Bartholomäus seinen tüchtigen Maurer obendrein gleich das ganze Haus erweitern. Unterkünfte für die Gesellen und Schlafstuben, zwei für die Kinder, eine eigene für die Eltern, eine gute Stube für Sonntags, außerdem einen Stall für die Hühner.

Mit offenen Schwielen, mit schändlichsten Verwünschungen fuhr der Teufel nach abgeleisteter Schwerarbeit davon.

Die Bewohner von Wald nickten beifällig. „Unser Schneidermeister hat's verdient. Wer tüchtig ist, kann sich auch was leisten."

Bartholomäus zupfte am spärlichen Kinnbart. Solange noch Zeit war, sollte an die Ausbildung der Kinder gedacht werden. Nein, der Schulmeister vom Ort war ihm zu faul.

„Du selbst unterrichtest Martha und meine Söhne." Kein Hexeneinmaleins! Nicht ein einziges Teufelszeichen! Sie sollten lesen und schreiben lernen, wie es sich für Kinder rechtschaffener Leute gehört.

Gefährliches Zähnefletschen.

„Es sei denn ..." begann Bartholomäus sanft.

Zerknirscht unterdrückte sein Partner den Fluch. „Warte nur, bis ich dich hab", zischte er, „es dauert nicht mehr lange."

Bis dahin hab ich für meine Familie gut gesorgt. Nie mehr Hunger. Nie mehr wird sich meine Sabina vor Sorge in den Schlaf weinen.

Sich rechtzeitig um das eigene Schicksal zu kümmern, kam ihm nicht in den Sinn. „Später", sagte er, sagte es auch, als das siebte Jahr anbrach.

Betrübt betrachtete Bartholomäus seine Martha, die Älteste.

Sie ging zum Tanz gemeinsam mit den anderen Mädchen. Und stets kam sie allein zurück. Keiner der Burschen würdigte Martha auch nur eines Blickes, schenkte ihr das kleinste Lächeln. Kaum eine andere rechnete so schnell, kaum eine schrieb so schön wie seine Tochter, ihr Herz war voller Wärme und gut, doch innere Werte lockten keinen Bräutigam. Nicht einmal das gute Essen hatte bewirken können, dass sie etwas von ihrer Hässlichkeit verlor.

„Du suchst meiner Martha einen Ehemann."

Der Teufel schreckte zur Wand. Angestrengt furchte er die Stirn. „Wenn das Kind nur etwas hübscher wär." Fingerschnippen. „Aber das lässt sich erledigen. Ich kenn einen Scherenschleifer, fast blind ist er."

„Untersteh dich!" drohte Bartholomäus. „Wage es nicht, mir solch einen Kerl ins Haus zu bringen." Kühl starrte er den Geschäftspartner an und beschrieb ihm knapp, welchen stattlichen Bräutigam seine Tochter verdiente. „Fleißig, ehrlich und treu muss er sein."

Jedes Wort schlug dem Teufel ins Gesicht. „Das kannst du nicht verlangen", stöhnte er.

Unerbittlich setzte Bartholomäus nach. „Ich erwarte einen bescheidenen, vor allem aber einen gottesfürchtigen Ehemann."

Gequält schrie der Teufel auf, wild zerrte er an den Aufschlägen des dunkelblauen, nadelstreifigen Rocks. „Fromm! Und den da oben soll er fürchten! Solche Beziehungen hab ich nicht. So einen gibt es nicht in meinem Bekanntenkreis." Zischend stieß er den Atem aus.

In aller Ruhe öffnete Bartholomäus das Fenster. „Verpeste mir nicht die Luft." Freundlich erinnerte er seinen Partner an den Vertrag.

„Schon gut, schon gut", lenkte der Teufel ein. An der Tür drehte er sich noch einmal um und streckte den Finger. „Auch den frommen Brautwerber spiel ich dir. Aber warte nur. Dich will ich. Du nähst bei mir in der Hölle. Mit glühenden Nadeln lass ich dich in brennenden Stoffen herumstochern." Damit verließ er zornbebend die Werkstatt.

Endlich. Mitte April wurde das Schneiderhaus hochzeitlich geschmückt. Bartholomäus hatte seine Tochter in einen Schleiertraum aus Taft, Spitzen und Rüschen gekleidet. Vor dem Altar gab der Pfarrer die jungen Menschen zusammen und segnete das Paar. Verliebt blickte Martha ihrem stattlichen Bräutigam in die Augen.

Bis Ende April arbeitete Bartholomäus wie gewohnt, nichts ließ er sich anmerken, nur das Pfeifen fiel ihm schwer. In der Nacht vor dem 30. wartete er, bis Sabina eingeschlafen war, dann setzte er sich auf, grübelte und zupfte am

spärlichen Kinnbart.
Die Zukunft seiner Familie war gesichert, für alle hatte er gesorgt, allein sich selbst hatte er vergessen.
Vielleicht war es doch nicht zu spät? Noch war Zeit, einen Nachfolger zu finden. Lange dachte der Schneider nach, dann schüttelte er den Kopf. Ich bin kein Betrüger, der dem Teufel eine Seele zutreibt.
Und die andere Klausel? Gibt's einen Auftrag, den dieser Satan nicht einlösen kann? Sogar den frommen Schwiegersohn hat er meiner Martha gebracht. Was soll mir da noch einfallen? Schwer seufzte er. Die sieben Jahre hab ich redlich genutzt. Ratlos ließ er die Schultern sinken. Mit dem Pakt war ich einverstanden, also muss ich morgen nacht den Kredit samt Wucherzins zurückzahlen.
Sein Seufzen hatte Sabina geweckt. „Ach, Barthel, was ist mit dir?"
„Schlaf nur. Ich denke über ein Geschäft nach, und das macht mir Sorgen."
Zart strich sie über seinen Arm. „Zu zweit trägt es sich leichter." Als er schwieg, drängte Sabina nicht länger, ruhig sagte sie: „Du bist mein geliebter Mann. Auch in der größten Not hast du den Mut nicht verloren. Weißt du, ohne dich wäre mein Leben sinnlos."
Bartholomäus verbarg das Gesicht an ihrer Schulter, unter Tränen flüsterte er: „Besser wird's, vielleicht. Wir müssen nur dran glauben." Doch es waren nur Worte. Sabina spürte das Zittern, fest drückte sie ihn an sich: „Morgen zünde ich für dich eine Kerze an."

Den Tag über saß Bartholomäus nur da und marterte das Gehirn. Vergeblich.
Spät am Abend drückte er die Kinder an sich. Seiner Sabina gab er einen innigen Kuss. „Ich geh zur Maifeier", log er, „vielleicht komme ich auf andere Gedanken."
Den Kopf gesenkt, kaum vermochte er, die Füße zu heben, so verließ er Wald. Am Ufer des Schilfweihers, kurz vor der Wegkreuzung, kauerte sich Bartholomäus am Fuß einer Pappel nieder.
Eine laue mondlichte Nacht. Über ihm tuschelte der sanfte Wind in den

Blättern. Laut quakten die Frösche im Wasser. Aus hunderten von Kehlen erscholl das Quakkonzert und erfüllte die Nacht. „Ihr seid zufrieden. In eurem sumpfigen Tümpel seid ihr zu Hause", flüsterte der Schneider wehmütig. „Wenn ich doch auch wieder ..."

Abrupt setzte er sich auf. Der plötzliche Gedanke verursachte Schwindel. Nach wenigen Atemzügen sah er ihn klar und deutlich. Weit entfernt schlug es vom Turm elf. Gebannt wartete der Schneider, bis der letzte Ton verklungen war, dann stand er auf. Mit großen Schritten erreichte er die Mitte der Wegkreuzung und rief nach dem Teufel.

Sofort stand der Höllenfürst vor ihm, elegant schlug er den Mantelumhang zurück und verschränkte die Arme vor der mattglitzernden Weste. „Noch nie hab ich mich so auf eine Stichnacht gefreut."

„Ich habe keinen gefunden, der meinen Vertrag übernimmt."

„Das gefällt mir, mein lieber Freund. Das gefällt mir." Hämisch lachte der Feine: „Noch ein knappes Stündchen, mein Bester. Genieße es, denn da unten hab ich für dich alles vorbereitet."

Bekümmert hob Bartholomäus die Hand. „Eine kleine Bitte habe ich noch."

„Nur zu. Keiner soll von mir behaupten, dass ich ein schlechter Geschäftspartner bin. Ich erfülle meinen Vertrag bis aufs letzte Jota."

Langsam zeigte der Schneider zum Tümpel hinüber. „Ich höre das Quaken so gern. Besser klingt es, wenn es von hoch oben kommt. Schlag zwölf möchte ich das Konzert von allen Fröschen da oben aus den höchsten Zweigen der Bäume hören."

„Nichts leichter als das", triumphierte der Böse und stieg in den Weiher. Mit beiden Händen grapschte er nach den glitschigen Sängern, fuhr hinauf in die Pappel und setzte gleich zehn nebeneinander auf einen Ast. Schon griff er nach den nächsten Fröschen. Allein bevor er sie in den Baum setzen konnte, waren die anderen bereits wieder ins Wasser gesprungen. „Das Menschliche behindert mich", keuchte er, warf Antlitz, Mantel und Glitzerwams ab.

Bartholomäus stolperte einen Schritt zurück. Luzifer in seiner furchtbarsten

Gestalt fauchte ihm den Schwefelatem ins Gesicht. „Gleich hab ich's geschafft."
Wild packte er nach den Fröschen, setzte sie hoch, schon fuhr er erneut hinauf in die Pappel. Doch wie schnell er auch auf- und abhetzte, ebenso schnell sprangen die Frösche wieder zurück ins Wasser. Die Teufelsklauen durchwühlten den Sumpftümpel, Wasser spritzte, Äste der Pappeln brachen. Höllengebrüll und Flüche zerrissen die Nacht.
Da schlug es Mitternacht vom Turm. Beim sechsten Glockenschlag gab Luzifer auf. Zerquetschte Frösche klebten ihm an seinem langen, borstigen Nasenhaken. „Du, du bergischer Schneider!" schrie er. „Mit einem von euch mach ich kein Geschäft mehr!" Kaum tönte der zwölfte Schlag herüber, als der Satan in die Höhe sprang, sich mit Geheul mitten in den Tümpel stürzte und alles Wasser über die Ufer schwappte. Der kleine Schneider wischte sich das Gesicht, wartete noch bange Minuten. Sein Partner blieb verschwunden.

Leise betrat Bartholomäus die Schlafstube. Erschöpft sank er auf das Lager. „Jetzt wird's besser", flüsterte er. „Ach, Barthel, das ist gut", murmelte Sabina im Halbschlaf und drückte sich fest an ihn.

Der Kipphäuser von Refrath

Glaubt mir doch! Er kann euch nichts mehr anhaben.
Ein Wiedergänger ist ein Verdammter ohne Macht!

Während auf dem Bensberg noch die letzten Strahlen der Abendsonne verblassten, lag im Tal längst schon die Dämmerung über den niedrigen Giebeln von Refrath. Im nahen Wald ragten jetzt die Trümmer und Mauerreste des verfallenen Ritterguts schwarz gegen den Himmel.
Unermüdlich hatte die alte Bäuerin Feuerholz gesammelt und auf dem ehemaligen Vorplatz der Burg zusammengetragen. Das Abendläuten schwang von Refrath herüber. Zeit für den Heimweg. Sie raffte den Strick um Äste und Zweige, hockte sich nieder und zog das schwere Bündel auf die Schulter. Zweimal versuchte sie es vergeblich, erst mit Hilfe des Stocks gelang es ihr, sich hochzustemmen. Unter der Last schwankend fand sie nur mühsam das Gleichgewicht.
Der helle Glockenton war verstummt. Mit einem Mal brach das Vogelgezwitscher ringsum in den Bäumen ab. Fremde, tote Stille! Verwundert blickte die Bäuerin über den Vorplatz, nichts war ungewöhnlich, dann hob sie die Augen. Den Mund weit aufgerissen, erstarrte sie. Über dem halb abgebrochenen Mauerbogen des Burgtores stand, nein, die Füße berührten nicht den Stein, dort schwebte reglos ein Mann! Der Umriss seiner riesenhaften Gestalt stach dunkel vom Abendhimmel ab. In dem wachsbleichen Gesicht züngelten Flammen aus den Augenhöhlen.
Die Bauersfrau schrie! Vom gellenden Schrei getroffen, krümmte sich der Unheimliche. Mehr nahm die Alte nicht wahr, hilflos taumelte sie hin und her, stürzte vornüber, der Strick um das schwere Bündel riss, und unter dem Feuerholz begraben lag sie am Boden.
Ringsum ertönte wieder Voelgezwitscher. Wimmernd befreite sich die entsetzte

Frau von Ästen und Zweigen. Erst nach einer Weile wagte sie, zum verfallenen Burgtor aufzublicken. Der Steinarm war leer. Die furchtbare Erscheinung war verschwunden!
„Heilige Maria beschütze mich." Achtlos ließ sie das Feuerholz liegen und hastete so schnell es ihr möglich war davon. „Heilige Maria beschütze mich." Sie lehnte am Eingang der Kirche; die Lider fest geschlossen, schlug sie das Kreuz

und flehte immer wieder um den Beistand der Mutter Gottes.
Leute blieben stehen. Mehr und mehr Refrather liefen zusammen. Sie bemerkte die Menge nicht. Tonlos bewegte die Alte ihre Lippen, mal flüsterte sie, dann hob sie wieder die Stimme.
Der Pastor trat aus der Kirche, mit festem Schritt ging er auf die Verstörte zu.
„Heilige Mutter Gottes..."
Leicht berührte der Geistliche ihren Arm. Sofort fuhr sie zusammen, schrie gellend und riss die Augen auf. Als sie den Schwarzgekleideten sah, hob sie abwehrend die Hände. „Weg! Geh weg!" „Schweig!" herrschte der Pastor. „Oder weißt du nicht, wer ich bin?" Er zeigte in die Runde. „Wir sind es! Deine Nachbarn. Erkennst du uns nicht?"
„Dem Himmel sei Dank." Erleichterung. „Es ist gut, Vater. Gut, dass ich hier bin." Für einen Moment war der Schreck gewichen, doch gleich verzerrte sie wieder das Gesicht. „Er ist da!" Sie streckte den Arm zum Wald hinüber." Ich hab ihn gesehen. Leibhaftig."
„Wen? Nun rede endlich!" Ärgerlich schüttelte sie der Pastor an der Schulter.
„Der Kipphäuser!" stammelte sie. „Er geht um, als wenn er noch lebt." Mit bebenden Lippen hob sie den Finger. „Der Kipphäuser ist wieder da!"
Jäh stolperten die Refrather zurück. „Kipphäuser!" Ein einziger Aufschrei. Die ärmlichen Höfler, Knechte und Handwerker ballten die Fäuste, in hellem Entsetzen griffen die Mütter nach ihren Kindern, drückten die kleinen Gesichter beschützend an den Schoß.
„Habt keine Furcht, Leute!" versuchte der Pastor zu beschwichtigen. „Nicht wir werden bestraft! Er ist zur Buße verdammt. Für alle Verbrechen, für alles Leid, was er uns zugefügt hat, kann der letzte Herr von Kipphausen im Tod keine Ruhe finden." Vergeblich. Die Worte des frommen Mannes schürten nur noch die Angst der Menschen. „Glaubt mir, wenn ihr ihn nicht berührt, kann er euch nichts mehr anhaben. Vertraut mir doch. Ein Wiedergänger ist ein Verdammter ohne Macht."
Die Erinnerung an Qual, Elend und Angst lebte wieder in allen Gesichtern; zu

kurz, nur wenige Monate war die furchtbare Zeit her, die kaum verharschten Wunden der durchlittenen Schreckensherrschaft waren aufgeplatzt.

Ein heller, sonniger Tag. Das Portal der Kirche war weit geöffnet. Vor dem Altar kniete die junge Herrin von Kipphausen neben ihrem Bräutigam. „Ja. Ich will." Nach dem Tod ihres Vaters hatte die Erbin des Ritterguts lange gezögert. Junker und Adelige des Bergischen Landes warben um ihre Hand, doch Elisabeth wies alle ab. Bei einem rauschenden Fest in Köln begegnete ihr schließlich der galante Juan Manuel Fernando. Er lächelte, schwärmte und tanzte sich ins Herz der jungen Frau, ihn erwählte sie.
„Ein reicher spanischer Edelmann von bester Herkunft."
Wenig wusste die Herrin von Kipphausen über den zukünftigen Gemahl. Elisabeth sah seine schlanke Gestalt, liebte die Schmeicheleien und hing an seinen Lippen, wenn er vom fernen Spanien und den abenteuerlichen Reisen erzählte.
„Ja. Ich will."
Weiss gekleidete Mädchen streuten Blumen, die schlichten Höfler Refraths zogen ihre Mützen ab, frohen Herzens winkten die Frauen dem Paar zu, als es die Kirche verließ und im offenen Wagen durch den Wald hinüber zur Burg fuhr.
„Weißt du noch, unsere Hochzeit? Die war auch schön." Anne schmiegte sich an den Arm ihres Peter. „Aber solch eine!" Sie krauste die Stirn unter dem blonden Haar. „All die vornehmen Gäste. Diese feinen Kleider."
„Lass nur." Peter zerknautschte die Kappe in den schwieligen Händen. „Was verlangst du? Die Hütte und das bisschen Hausrat, sonst gehört uns nichts. Wir sind eben nur Fronleute von denen da." Gekränkt blickte er vor sich hin. „Und dafür haben wir im Gasthaus auch eine schöne Hochzeit gefeiert."
Sie knuffte ihn in die Seite. „Ich mein's ja nicht so. Ärger dich nicht" und raunte: „Du gefällst mir besser als der neue Herr da in seinen Stiefeln und dem weißen Kragen."
„Lass nur." Grinsend dehnte der kräftige Bursche die Brust. „Geh heim. Nur für die Trauung dürfen wir Pause machen, hat der Vogt gesagt. Ich muss los. Die

andern sind schon längst wieder zum Holzfällen."
Der Alltag der Höfler und Knechte war bestimmt vom pflichtschuldigen Frondienst für das Rittergut. In der übrigen Zeit ackerten und pflanzten sie auf dem Stück Land, das ihnen zur Bewirtschaftung überlassen war. Trotz des Zehnten, den sie abliefern mussten, blieb ihnen genug, um Frau und Kind zu ernähren, und fiel die Ernte schlecht aus, erließ ihnen der Verwalter mit Erlaubnis des Ritters den größten Teil der Schuld. So war es bisher.

Mit dem neuen Herrn aber veränderte sich das Leben in den Weilern und Dörfern, die zum Besitz der Kipphausener gehörten. Kaum waren die Hochzeitsfeierlichkeiten vorüber, als er selbst mit harter Hand die Aufsicht übernahm. Rücksichtslos forderte er, was ihm zustand. Sein Ohr war verschlossen für Not, Krankheit und Elend der Leibeigenen.

„Was hat dich so verändert?" Immer wieder bat Elisabeth ihren Gatten, etwas milder und menschlich mit den Hörigen zu verfahren. Doch er schwieg. Wenn sie zu sehr drängte, ballte er die Faust.

Im Hafen von Köln brachten Kaufleute das Gerücht ans Ufer. „Der wirkliche Name des neuen Herrn auf Burg Kipphausen lautet Ramiro." Er soll Diener eines spanischen Grafen gewesen sein. Mit durchschnittener Kehle fand man eines Tages seinen Herrn im Innenhof des Palastes. Schmuck und Geld waren geraubt. Mitsamt der Beute hatte dieser Ramiro rechtzeitig aus dem Land fliehen können.

„Ich weiß, diese Händler erzählen viel." Elisabeth drängte: „Sag nur, dass es nicht stimmt, dann glaube ich dir."
Er schwieg.
„Und dein Name?"
Kalte Wut glitzerte in den dunklen Augen auf, sie zuckte erschreckt zurück und fragte nicht weiter. „Ramiro", flüsterte sie. Elisabeth fror, haltlos rannen ihr Tränen über die Wangen.

Seitdem weigerte er sich, Sonntags mit ihr gemeinsam den Gottesdienst zu besuchen. Auf seinen Befehl hin nahmen sie bald getrennt die Mahlzeiten ein,

jeden Besuch der Nachbarn verbot er, und einsam, ratlos und verzweifelt erkrankte Elisabeth. Der Kummer erstickte ihren Lebenswillen.
Im nächsten Frühjahr stand wieder das Portal der Refrather Kirche weit offen. Schweigend senkten die Fronleute den Kopf, als der Sarg ihrer Herrin zum Friedhof hinausgetragen wurde.
„Ich hab sie gern gehabt", flüsterte Anne und zog das schwarze Kopftuch fester. „Ich begreif's nicht. Sie war jung, genauso jung wie ich."
„Lass nur." Peter schabte mit der Fußspitze in der Erde. „Ich weiß warum. Dieser Spanier hat Schuld." Er hob den Kopf. Unverwandt starrten die Augen seines Herrn zu ihm herüber. Auch Anne bemerkte den eisigen Blick. „Halt mich, Peter", sie schob ihre Hand in seine. „Halt mich ganz fest."
Gegen Abend erschienen zwei Bewaffnete vor der Lehmhütte. Sie hatten Befehl und führten den jungen Burschen hinüber zur Burg. Auf dem Vorplatz erwartete ihn der Kipphäuser, seine Rechte spielte mit der Reitgerte, ließ sie wippen und kreisen. „Dein Gesicht gefällt mir nicht."
Aufrecht stand Peter da.
Lächelnd zog ihm der Herr die Peitsche quer durchs Gesicht. Blut quoll aus der aufgeplatzten Wange. „So gefällst du mir schon besser."
Peter wankte nicht einen Schritt.
„Deine Augen gefallen mir nicht." Gefährlich nah ließ er die Gerte wippen. „Hüte dich, Kerl. Sonst nehm ich sie mir eines schönen Tages." Das überlegene Lächeln verschwand, unvermittelt verzerrte Hass den Mund. „Deine Frechheit, Kerl, steht dir auf der Stirn! Ich weiß genau, was du und deinesgleichen über mich denken. Aber ich warne dich. Von nun an bin ich jederzeit hinter dir, auf Schritt und Tritt. Hinter jedem von euch! Und wehe, wenn ich auch nur einen dabei ertappe, dass er nicht schnell genug arbeitet, dass er sich ausruht. Ihr alle gehört jetzt mir, mir allein! Jede Kuh, jedes Schwein oder Pferd sind mehr wert als einer von euch!" Mit der Faust schlug er in die blutende Wunde. „Und dich hab ich mir ausgewählt, um das allen klarzumachen. An dir, Kerl, werd ich in Zukunft ganz besonderen Spaß haben."

Anne weinte, während sie Peter die Platzwunde versorgte, sie weinte immer noch, als sie neben ihm auf der Strohmatte lag.

„Lass nur." Der kräftige Bursche starrte zur Decke. „Wir gehören diesem Schuft mit Haut und Haaren. So ist das nun mal."

Härter als je zuvor mussten die Hörigen den Frondienst leisten. Es blieb keine Zeit mehr, das geliehene Stück Land zu bestellen, und doch presste der Herr von Kipphausen gnadenlos Ernteabgaben und Zins aus seinen Hörigen. Wer nicht bezahlen konnte, dem nahm er die Hütte und ließ die wenige Habe als Pfand in die Scheune des Ritterguts schaffen. Mütter streckten ihm ihre Kinder entgegen, flehten um Brot. Roh und spottend stieß er die Verzweifelten zur Seite.

Soweit es in seiner Macht stand, versuchte der Pastor die bitterste Not zu lindern, verteilte die eigenen Vorräte, ohne Zögern öffnete er seine Kirche für die Obdachlosen der Gemeinde und bot ihnen Unterkunft. Immer wieder ging er hinüber zur Burg und bemühte sich, das harte Herz des Spaniers für das Elend zu erweichen. Von Mal zu Mal schonungsloser ließ ihn der Kipphäuser durch seine Bewaffneten hinauswerfen.

Niemand kam den gequälten Menschen zu Hilfe. Gerade jetzt, im ersten Jahrzehnt des 15. Jahrhunderts, hatte der junge, ehrsüchtige Herzog Adolf von Berg weder Zeit noch Lust, sich um das Schicksal irgendwelcher Leibeigenen irgendwo im Wald unterhalb von Bensberg zu kümmern. Die hohe Politik, das eigene Machtinteresse bestimmten allein sein Denken und Handeln.

Von den Adeligen der umliegenden Nachbarburgen gemieden und verachtet, hatte der Kipphäuser leichtes Spiel, seine Schreckensherrschaft ungehindert fortzuführen. Täglich ritten Wachen die Grenzen der Besitztümer ab. Weder Mann noch Frau, niemand durfte ohne Erlaubnis das Gebiet verlassen.

Anne trug ihr erstes Kind. Sie empfand kein Freude, ihre Ratlosigkeit wuchs von Monat zu Monat.

„Sorg dich nicht", Peter bemühte sich zu lächeln und dehnte die Brust. „Unser Kind wird schon satt. Ich schaff das schon."

Die junge Frau schüttelte den Kopf. „Was ist das für ein Leben? Was erwartet unser Kind denn schon? Hier wird es doch niemals froh." Sie strich das Haar aus der Stirn. „Manchmal wünsche ich, dass einer kommt und diesen Blutsauger erschlägt."

„Still. Nicht so laut." Peter horchte zur Tür, hastig flüsterte er: „Nicht einmal denken darfst du so was." Nach einer Weile zuckte er die Achsel. „Lass nur, Frau. Und selbst wenn's einer versucht. Es hat keinen Zweck. Der Spanier geht nie ohne seine Leibwächter. An den kommt keiner ran."

„Aber es wäre gut, Peter. Gut für unser Kind und gut für uns alle." Anne stöhnte und hielt ihren Leib. „Alles dreht sich plötzlich vor mir", keuchte sie.

Behutsam trug Peter die Schwangere auf das Lager. „Lass nur. Ich bin ja da." Erschrocken hielt er die heiße Hand.

Am nächsten Morgen zitterte Anne, trockener Speichel verklebte ihre Lippen. Bevor er widerstrebend zur Arbeit aufbrach, bat der Besorgte die Nachbarin, nach seiner Frau zu sehen. Erst spät kehrte er in die Hütte zurück. Anne lag blass und erschöpft auf der Strohmatte, kaum vermochte sie noch, die Hand zu heben.

„Es steht schlimm." Die Nachbarin wagte den bestürzten Mann nicht anzusehen. „Sie hat das Fieber."

Peter durchwachte die Nacht, kühlte der Kranken die Stirn, gab ihr zu trinken und bemühte sich, die Zitternde zu wärmen.

„Du musst los", hauchte Anne, als der Tag anbrach.

„Ich hab noch Zeit."

„Geh", drängte sie, Angst flackerte in den geweiteten Augen.

„Die Vögel singen doch schon. Wenn du zu spät kommst, merkt es der Kipphäuser."

Peter ballte die Faust. „Lass nur. Der elende Spanier kümmert mich nicht. Heut bleib ich zu Haus."

Die Lider fielen ihr zu. „Es geht bald zu Ende. Ich fühl's. Vielleicht ist es besser so für unser Kind."
Tränen rannen dem breitschultrigen Mann übers Gesicht. „Sag das nicht, Anne. Schlaf du. Dann wirst du gesund. Sorg dich nicht. Ich lass dich heut nicht allein."

Gegen Mittag wurde die Tür aufgerissen. Vier Burgmannen stürmten herein, ehe Peter sich zur Wehr setzen konnte, hielten sie ihn mit blanker Klinge in Schach. Gemächlich betrat der Kipphäuser die Hütte. Seine Rechte spielte mit der Reitgerte.
„Verzeiht, Herr. Aber die Frau." Peter zeigte zum Bett. „Sie ist schwer krank. Ich kann sie nicht ..."
„Schweig!" bellte der Spanier. „Wer faul ist, muss bestraft werden." Dünn lächelte er. „Aber ich will gnädig sein. Keine Hiebe, obwohl du sie verdient hättest. Nein, für den versäumten Arbeitstag bezahlst du mir zwei Taler."
So viel Geld hatte das junge Paar noch nie besessen. Ganz gleich, ihm blieb keine Wahl, und sofort war der Höfler einverstanden. „Danke, Herr. Wenn die Frau wieder gesund ist, arbeite ich es ab. Das schaff ich schon."
Spöttisch hob der Kipphäuser die Brauen. „Willst du mich ruinieren?" Dann ließ er die Maske fallen. „Nein, Kerl! Nicht später. Jetzt sofort zahlst du mir die Schuld."
„Aber wir haben nichts, Herr." Bittend zeigte der Leibeigene seine schwieligen Hände." Außer meiner Kraft haben wir doch nichts." „Das hättest du dir früher überlegen sollen. Du stinkendes Stück Dreck! Ich wusste, dass ich dich eines Tages erwische." Damit gab der Unbarmherzige seinen Leuten das Zeichen. „Nehmt alles mit."
Tisch, Hocker und Truhe, die ganze armselige Habe schleppten die Bewaffneten hinaus und warfen sie auf den bereitgestellten Karren. Nur mühsam unterdrückte Peter die Wut, seine Kieferknochen malten, hin und wieder blickte er verzweifelt und beschämt zu Anne hinüber. Seine Frau war wach, die fiebrigen Augen glänzten, stumm verfolgte sie, was geschah.

Der Spanier wippte mit der Reitgerte in ihre Richtung. „Werft sie da raus. Das Bett will ich auch."
Wie ein verwundetes Tier brüllte Peter auf. ‚Wag es nicht! Du Blutsauger!" Er spie in das verhasste Gesicht. „Ruhr sie nicht an. Du Betrüger! Ein Mörder bist du! Ich kenne deinen wahren Namen!" Sofort bedrohte eine Klingenspitze seine Brust, die Leibwächter rissen ihm die Arme auf den Rücken. Es kümmerte ihn nicht, furchtlos vor Zorn schrie er: „Ramiro! Alle sollen es hören. Ramiro!"
Von rechts und links hieb ihm der Kipphäuser die Peitsche durchs Gesicht, immer wieder. Als der Wehrlose blutüberströmt wankte, lachte der Spanier und schlug noch wilder zu.
Einer muss uns retten. Anne tastete nach dem Messer neben der Matratze. Einer muss uns retten. Dieser einzige Gedanke gab ihr Kraft. Unbemerkt raffte sie sich hoch, taumelte, stolperte quer durch die Hütte. Einer muss uns retten. Schon hatte sie den Furchtbaren erreicht. Immer noch hieb er auf ihren Peter ein. Mit letzter Anstrengung riss Anne den Arm zurück, und ein Schrei brach gellend aus ihrer Kehle. Der Kipphäuser fuhr herum. Beim Anblick des bleichen, schmerzentstellten Gesichtes krümmte er sich. Anne schrie und stieß zu. Das Messer fiel, all ihre Lebenskraft war verbraucht, sterbend sank die junge Frau zu Boden.
„Helft mir." Fassungslos, voll Entsetzen presste der Spanier seine Hand auf die blutende Halswunde. „So helft mir doch!"
Achtlos wurde Peter beiseite gestoßen. Sofort stützten die Leibwachen ihren Herrn ins Freie, warfen den Hausrat von der Lade des Karrens und brachten den Kipphäuser eilig zur Burg hinüber. Peter bettete seine Anne auf der Strohmatte. „Stärker warst du als wir alle." Mit beiden Händen umschloss er ihre Hand.
Die Nachricht von der mutigen Tat verbreitete sich schnell. „Sie hat es für uns getan." In Refrath hielten die Menschen den Atem an.
Bereits nach zwei Tagen jedoch wurde ihre aufkeimende Hoffnung zerstört. Die Halswunde sei nicht tödlich, erklärte der Arzt dem Pastor, und zitternd duckten sich wieder die Leidgeprüften, jeden Morgen aufs neue erwarteten und fürchteten sie die Rache des Spaniers.

Doch kein neues Unglück brach über sie herein. Der Kipphäuser verließ das Rittergut nicht mehr. Zwar hatte er den Anschlag überlebt. Das Gesicht der Kranken aber hatte sich als drohende Fratze in sein Gemüt eingebrannt. Ihr Schreien gellte unaufhörlich in ihm weiter.

„Er redet wirr." „Nur während der Nacht stürzt er wie ein Ungeheuer aus dem Schlafgemach."

Furchtsam verließen Mägde und Knechte die Burg. Tag für Tag wurden es mehr. Selbst die Leibwächter hielt es nicht länger. Voll Grauen berichteten sie: „Der Kipphäuser tobt, rennt in den Gängen hin und her, lästert Gott und verflucht die Heiligen. Mal heult er, kriecht auf dem Boden, dann plötzlich springt er herum, fletscht die Zähne wie ein Hund!"

Dann, nach drei Wochen, stiegen Rauchwolken über dem Rittergut auf. Ohne Eile gingen die Refrather zur Burg hinüber. Am Rand des Vorplatzes standen sie beieinander und verschränkten die Arme. Flammen schlugen aus den Fenstern, schon durchbrachen sie das Dach, wuchsen, loderten höher. Im Prasseln des Feuers zerbarsten die Mauern.

Da stürzte ein Mann aus dem Tor. Die blutbeschmierte Axt in der Faust, so rannte Peter auf die stumm wartenden Menschen zu. „Lasst nur!" rief er. Die Wundnarben in seinem Gesicht glühten. „Pachtzins und Zehnten haben Anne und ich bezahlt. Für euch alle."

Die Refrather öffneten eine Gasse, ungehindert stürmte der breitschultrige Bursche davon.

Teile des Torbogens brachen herab. Wie ein Galgenarm reckte sich der Mauerrest, und hinter ihm versank die Burg im Flammenmeer. Die Refrather warteten bis in den Abend, erst als nur rauchende Balken, Schutt und Asche übrig waren, wandten sie sich erleichtert ab und kehrten in ihre Hütten zurück.

Der Kipphäuser fand keine Ruhe. Zu groß waren die Verbrechen, die er während seiner Schreckensherrschaft auf sich geladen hatte, und vom Himmel zur härtesten Buße verdammt, musste er wiederkehren. Rastlos irrte er durch das Umland von Refrath, durch den Gladbacher Wald, erschreckte Hütejungen im Frankenforst, und Wanderer flohen, wenn er plötzlich in der Lustheide vor ihnen stand. Mit den Jahrzehnten schrumpfte seine Gestalt, längst waren die Flammen in seinen Augen erloschen. Doch Erlösung fand er nicht.

Beim ersten Licht des Johannistages, vor kaum mehr als 250 Jahren, brach ein Bauer in Bensberg auf, wanderte an Refrath vorbei, und mit weitem Schritt durchquerte er die Lustheide. Gegen Mittag sah er bereits die Häuser von Brück. Plötzlich schwieg das Zirpen der Grillen ringsum, kein Vogel sang mehr in den niedrigen Büschen. Verwirrt wischte der Wanderer die Stirn. Noch diesseits, vor dem Steg, der über den glucksenden Flehbach führte, stand ein Greis. Der Bauer hatte den zerlumpten Alten nicht kommen sehen, unvermittelt stand er da und versperrte den Weg. Seine Lippen ähnelten borkigen Rindestücken, von den Wangenknochen hing die Haut in schuppigen, lehmgelben Falten herunter. An der rechten Halsseite klaffte das schwärzliche Fleisch auseinander wie eine nie verheilte Messerwunde.

„Geh mir aus dem Weg." Fester packte der Bauer seinen Stock.
Die Gestalt wich nicht von der Stelle. Langsam öffneten sich die verdorrten Lippen." Kurz vor Deutz wirst du einem alten Kapuzinermönch begegnen." Brüchige, kaum verständliche Worte. „Frag ihn, wann ich endlich meine Schuld gesühnt habe."
Der Wind wirbelte Staub auf. Als sich die Wolke verzogen hatte, war der Alte verschwunden.
Hastig überquerte der Bauer den Flehbach, blickte nicht zurück, erst am Marktplatz von Brück, erst da verlangsamte er seinen Schritt. „War nur die Hitze", brummte er und versuchte den verschrumpelten Greis aus seinen Gedanken zu vertreiben. „Hab nur geträumt." Doch als er kurz vor dem Deutzer Tor einem Kapuzinermönch begegnete, schlug ihm das Blut wieder bis hinauf in den Hals. Ruhig hörte der fromme Mann zu, genau ließ er sich die Gestalt beschreiben, nach einer Weile nickte er. „Kein Zweifel. Das war der Kipphäuser."
„Antwort will er", stammelte der Bauer.

„Seine Seele kann nicht erlöst werden. Er wird umgehen bis zum Jüngsten Tag."
„Aber ich, ich sag's ihm nicht."
„Du musst!" Der Mönch schüttelte den Ängstlichen an der Schulter. „Du musst es ihm selbst sagen. Sonst wird er dich verfolgen auf Schritt und Tritt. Aber fürchte nichts. Sag es ihm erst, wenn du die Brücke überquert hast. In seinem ehemaligen Herrschaftsbereich, dort wo er seine Verbrechen verübt hat, kann der Wiedergänger niemandem mehr schaden."
Früh am nächsten Morgen ging der Bauer zum Viehmarkt. Für keinen Zugochsen konnte er sich entscheiden. Jede Ruhe fehlte ihm heute, um genau zu prüfen, um den besten Preis auszuhandeln, und seufzend machte er sich auf den Heimweg.
Kaum hatte er Brück hinter sich gelassen, fühlte er ein Würgen im Hals, und Schritt für Schritt wurden seine Füße schwerer. Nur die Worte des Kapuziners trieben ihn weiter." Du musst es ihm selbst sagen. Sonst ..."
Er stockte. Dort vorn, mitten auf dem Weg erwartete ihn der Kipphäuser. Unbeweglich stand er da. Dem Bauern zitterten die Knie. Der Ewigverdammte wartete außerhalb seines Gebiets! Noch vor dem Steg, noch auf Brücker Seite!
Die verdorrten Lippen öffneten sich. „Was hat er gesagt?"
Erst drüben. Antworte erst, wenn du drüben bist. Langsam tappte der Bauer näher, sah die schuppige, lehmgelbe Haut, hörte die brüchige Stimme ganz nah am Ohr. „Was hat er gesagt?" Den Kopf eingezogen schob er sich an der Gestalt vorbei, der Verwesungsgeruch nahm ihm den Atem. Geh weiter, befahl er sich. Kaum berührte sein Fuß den Steg, da sprang er mutig nach vorn, hetzte über den Flehbach und rannte.
Doch am ersten Busch der Lustheide erwartete ihn wieder der Kipphäuser. „Was hat er gesagt?" „Du wirst nicht erlöst!" schrie der Bauer. „Niemals! Niemals!" Vom gellenden Schrei getroffen, krümmte sich die Gestalt zusammen, wimmerte und verschwand in einer Staubwolke. Noch lange hörte der Zitternde das qualvolle Stöhnen des Kipphäusers, bis es der Wind endlich über die Lustheide davontrug.

Die Erbschleicher von Elberfeld

Ihr werdet's sehen.
Wenn er mal tot ist, sind wir reich!

Stirn gegen Stirn, das Ohr ans Türblatt gepresst horchten der Wirt und sein Schwager, was drinnen gesprochen wurde. „Das macht mir wirklich Sorge, Herr Jeremias."
„Lauter!" zankte die spitze Stimme des alten Mannes. „Red lauter, Schneider!"
„Sie werden immer dünner!" rief Gottlieb. „Jede Woche muss ich ihren Hausmantel ein Stück enger machen!"
„Brav, Schneider! Dafür bezahl ich dich!" schallte die Antwort.
„Eine feine Garderobe ist das halbe Geschäft. Hörst du mich? Darauf habe ich immer geachtet! So soll es auch bleiben!" Das Krächzen des reichen Jeremias wurde selbstbewusst. „Wenn mal der Tod kommt, soll er gleich sehen, wen er vor sich hat."
Anerkennend lachte der Schneider. „Jeden Tag sag ich zu meiner Tochter: In Elberfeld gibt es keinen gesetzten Herrn, der so auf seine Kleidung achtet wie der Herr Jeremias!"
Draußen vor der Tür hob der Wirt den Kopf. Schweißperlen rannen ihm die Wangen hinunter. „Da hörst du's!" zischte er. „Wie sich dieser Flickschneider einschmeichelt." Heftig rieb sein Schwager die Fingerknöchel an den Zähnen. „Eine Mitgift will er dem Jeremias rausschwätzen. Und nur, weil er das alte Mädchen sonst nicht mehr unter die Haube bekommt."
Die Tür wurde geöffnet. „Sie sind gut zu mir!" Aus voller Kehle dankte der Schneider. „Gott möge es Ihnen lohnen!" Dienernd verließ er rückwärts das Zimmer. Kaum war das Schloss eingeschnappt, als der Wirt den dürren Mann herumwirbelte, an der Kehle packte und ihn mit dem Rücken weit über das Treppengeländer drückte. „Ich hab dich gewarnt. Du schröpfst den Alten nicht."

Gottlieb röchelte, Gehrock, Westen und Kragen fielen zu Boden, hilflos ruderten seine Arme.

Mit flinkem Griff klaubte ihm der Schwager eine Münze nach der anderen aus der Tasche. „Einen halben Gulden!" staunte er. „So viel hat ihm der Nadelquäler noch nie abgeknöpft."

„Du hältst dich schon wieder nicht an unsere Abmachung. Dreißig Stuber Lohn am Tag. Und keinen Heller mehr", knurrte der Wirt und richtete sein Opfer auf. „Zur Strafe behalten wir heute alles." Gottlieb rang nach Atem. „Ganz freiwillig", keuchte er, „ich schwöre. Geschenkt hat er's mir."

Unbarmherzig klemmte der schwitzende Grobian die Schneidernase zwischen zwei Finger und drehte sie langsam. „Wenn wir dich noch ein einziges Mal erwischen, dass du dem Alten Honig ums Maul schmierst, dann bist du die Arbeit los. Lieber hol ich einen von den ungläubigen Schneidern, sogar einen aus Barmen." Hämisch grinsend setzte er hinzu: „Unser Herr Jeremias ist ein frommer Elberfelder Reformierter. Auch wenn er's auf den Ohren hat und nicht mehr laufen kann. Ganz so verkalkt ist er noch nicht. Einem Lutheraner oder Katholischen würd er nie mehr geben, als er muss."

„Ich brauch doch das Geld", näselte Gottlieb verzweifelt. „Sonst schaff ich es nie."

Härter drehte der Wirt und zog den Flickschneider näher. „Von nun an hältst du dein Maul, wenn du ihm seine Kleider richtest. Haben wir uns verstanden?" Vorsichtig nickte der Gequälte.

„Na also. Nun verschwinde. Morgen Vormittag bist du pünktlich wieder hier." Mit der einen Hand hielt Gottlieb die malträtierte Nase, mit der anderen sammelte er die zu ändernden Kleidungsstücke vom Boden und schlich gebeutelt die Treppe hinunter.

„Hört mich denn keiner!" Empörtes Rufen tönte aus dem Zimmer. Sofort spuckten Wirt und Schwager in die Hände, glätteten ihr Haar, schwungvoll traten sie ein. „Schon sind wir zur Stelle!"

Ungeduldig saß der Hochbetagte am Bettrand und pochte mit der knöchrigen Faust auf den Nachttisch. Kleider aus bestem Tuch umgaben den eingeschrumpften Leib, ein seidener Hausmantel hing ihm von den eckigen Schultern. Wie jeden Tag hatte der Schneider sein Bestes getan, hier erneute Abnäher, dort enger geraffte Falten waren nötig geworden, bevor er den Greis wie eine Puppe herausstaffieren konnte.
„Hört mich denn keiner!"
Eilfertig schoben der Wirt links, sein Schwager rechts den Kopf unter der Achsel des steinreichen Jeremias hindurch und stützten seine Arme auf den Schultern. „Ist es so angenehm?" Sie trugen ihn durchs Zimmer vor den großen

Spiegel. „Wie gut Sie heute aussehen." „Unverändert der stattliche Kaufmann." Ölig trieften die Worte. Jeremias verstand nicht. Im Chor, laut und salbungsvoll wiederholten beide ihre Schmeicheleien.

Die ledrige Haut um den Mundwinkeln zog sich in Lachfalten. Selbstgefällig betrachtete er sein Spiegelbild, ließ sich hin- und herdrehen, endlich hatte er sich satt gesehen und herrschte: „Ich hab Hunger!"

Behutsam setzten sie den mageren Greis an den Tisch. „Heut gibt's köstlichen Hasenbraten!" rief ihm der Wirt ins Ohr. „Es dauert noch ein Weilchen!"

An nichts sollte es dem Gast fehlen. Mit Tuchhandel und Geldverleih hatte der Kaufmann Jeremias ein riesiges Vermögen angehäuft. Alt geworden zog er sich aus dem Geschäftsleben zurück, und sicher verwahrt lagerten seitdem Schuldscheine, Pachtverträge und Barschaft im Elberfelder Bankhaus der Brüder Kersten. Bald schon starb seine Frau. Kinderlos und ohne Anverwandte verkaufte Jeremias sein großzügiges Anwesen und mietete sich im obersten Stock des Gasthofes ein. Wie ein Fürst ließ er sich hier umsorgen, wurde mit der Zeit gebrechlich, schwerhörig und zänkisch. An Geld fehlte es nie, und so konnte er ohne Widerstände die Jahre genießen, die ihm noch blieben.

„Zu Diensten!" Stets näherte sich ihm der Wirt mit tiefen Bücklingen, untertänigst las er seinem wohlhabenden Gast jeden Wunsch von den Lippen ab, selbst vor den schrulligsten Forderungen schreckte er nicht zurück „Der Herr Jeremias gehört uns!" Eifersüchtig wachte er darüber, dass keine der Mägde das oberste Stockwerk betrat. „Sicher ist sicher. Man weiß nie, was im Kopf von so einem alten Geldsack vorgeht. Nachher verguckt er sich noch."

Seit Jeremias bei ihm logierte, verfolgte der gedrungene Mann einen großen Plan. „Dieser Fisch geht uns nicht mehr vom Haken." Eingeweiht waren nur seine Frau, die Schwester und der Schwager. „Wir lieben ihn! Habt ihr verstanden! Wir sind jetzt seine Familie!" wiederholte er so oft, bis alle begriffen hatten. „Wehe euch, wenn ihr es ihm nicht zeigt!"

Genießerisch zählte er bereits die goldene Zukunft zwischen Daumen und Zeigefinger. „Und weil wir die einzigen Menschen sind, die er noch hat ..." Gier ließ

die kleinen Augen glitzern. „Das Testament! Ihr werdet's sehen. Wenn er mal tot ist, sind wir reich." Eines Tages klirrten Teller und Schüsseln die Treppe hinunter, achtlos sprang der Wirt über die Scherben hinweg, stürzte in die Küche, griff zur Branntweinflasche und lachte. „Gerade hat er's versprochen. Alles vermacht er uns. Das ganze schöne Vermögen!" Zur Vorfreude trank er einen riesigen Schluck. „Und warum? 'Weil ihr so gut zu mir seid', genau so hat er's gesagt."
Wieder drohte er seiner Verwandtschaft: „Also liebt ihn!" Noch freundlicher, noch hilfsbereiter sollten jetzt alle zu dem Alten sein. „Erst wenn er nach dem Notar ruft und alles aufschreiben lässt, kann nichts mehr schiefgehen."
Allein die Eitelkeit des alten Herrn war immer schon der schwache Punkt des sorgfältigen Plans gewesen. Täglich verlangte er nach einem Schneider. Ausbürsten, nähen und bügeln, nur einer Fachkraft gestattete Jeremias, diese Aufgaben zu erfüllen.
„Schneider sind Schlitzohren!" Der Wirt marterte sein Gehirn. Zunächst wechselte er die Meister von Woche zu Woche, an keinen von ihnen sollte sich sein Opfer gewöhnen dürfen. Doch ohnmächtig musste er zusehen, wie große, auch größere Trinkgelder in fremde Taschen wanderten. Schließlich heuerte der Wirt den verarmten Flickschneider Gottlieb aus der Nachbarschaft an. „Dreißig Stuber zahlt er! Das ist viel zuviel. Dein Lohn wird geteilt. Zwei Drittel für uns, der Rest für dich." Gottlieb dachte an sein langersehntes Ziel, an die Aussteuer und nötige Mitgift für die ältliche Tochter und nickte.
„Wenn du sparst und der Alte lang genug lebt, dann reicht's vielleicht." Warnend hob der Wirt den Finger. „Vor allem erzähl nichts rum. Besser, die Nachbarschaft vergisst den Jeremias. Denk an das Glück von deinem Kind. Wenn hier Besuch auftaucht, schmeiß ich dich die Treppe runter." So zwang ihn der Wirt zum Stillschweigen. Obendrein trieben Nasendrehen, Durchschütteln und ein oder zwei Fausthiebe die Woche vorsorglich jeden Schneid, auch jede Flause aus dem Kopf des Schneiders. Den eingeschüchterten Gottlieb hatte der Wirt fest in der Faust, nichts konnte den Plan noch gefährden.
„Was gibt es heute?" krächzte Jeremias. „Hasenbraten!"

Zufrieden nickte der Schwerhörige vor sich hin." Brav. Brave Burschen seid ihr."
Nach einer Weile fuhr er fort: „Mein Testament ..." brach ab und schwieg.
Gleich knieten beide neben ihm. Beide griffen nach den dürren Fingern.
„So ist es brav, Burschen. Mein Vermögen werd ich euch vermachen."
Den Wirt hielt es nicht länger. „Sollen wir heute den Notar holen?" brüllte er.
Jeremias wiegte den Kopf. „Noch nicht. Aber bald." Er pochte die magere Faust auf den Tisch. „Ich hab Hunger!"
Gehorsam verließen die Helfer das Zimmer. Draußen presste der Wirt die Hände zusammen. „Dieser verkalkte Geldsack. Bald halt ich's nicht mehr aus."
Aufstöhnend rüttelte der Schwager am Geländer. „Den Hals umdrehen möcht ich ihm."
Sofort ernüchtert starrte ihm der gedrungene Mann ins Gesicht. „Später. Erst muss das Testament her."

Über Nacht befiel Husten den alten Herrn. Am späten Vormittag brachte Gottlieb die geänderten Kleidungsstücke. Ohne das gewohnte Ankleiden und Herausstaffieren, ohne den täglichen Lohn musste er die Stube leise wieder verlassen. Jeremias fieberte, keuchte, der Atem rasselte trocken in der eingefallenen Brust.
Angstvoll beugte sich der Wirt über das Gesicht. „Besser ich hol jetzt den Notar."
Die Augen des Geschwächten blickten leer und teilnahmslos.
„Das Testament!" schrie ihm der gedrungene Mann ins Ohr. „Ich hol den Notar!"
Zittrig hob Jeremias die Hand. „Noch nicht. Aber bald." Nur gehauchte Worte.
„Wehe, du stirbst mir vorher", stammelte der Wirt halblaut, rannte im Zimmer auf und ab, sobald das bedrohliche, doch gleichmäßige Atemgerassel ausblieb, stürzte er ans Bett. Schon setzte es wieder ein.
Gegen Abend hustete Jeremias nicht mehr. „Ich hab Durst." Behutsam gab ihm der Wirt zu trinken und legte den kleinen Kopf zurück ins Kissen. Die fiebrigen Augen blickten mit einem Mal wach und klar. „Braver Bursche. Frieden will ich.

Hörst du? Morgen bringst du mir den Notar."
Erlöst nickte der Wirt und wischte sich den Schweiß von der Stirn. Nach einer Weile fuhr Jeremias fort. „An die Kirchen verteile ich mein Vermögen. Alle sollen was haben. Die Reformierten, die Lutherischen und auch die Katholischen." Lähmender Schock krümmte den gedrungenen Mann, dann schüttelte er benommen den Kopf. „Uns haben Sie alles versprochen." Er packte die magere Hand. „Verstehen Sie mich? Uns! Wir sind Ihre Familie ..." brach er ab.

Das Gesicht war verwelkt. Tot lag der reiche Jeremias im Bett.

„Das darf nicht sein", erst nur Flüstern, dann lauter: „Das ist nicht wahr!" Der Wirt stürzte zur Tür und riss sie auf. Wie ein verwundetes Tier schrie er durchs Treppenhaus. Sein Gebrüll rief den Schwager, die Frau und seine Schwester ins oberste Stockwerk.

„Noch mal versprochen hat er's. Alles vermacht er uns. ‚Weil ihr so gut zu mir seid.' Das waren seine letzten Worte." Der Erschütterte zeigte zum Bett. „Da. Da liegt er jetzt."

Kaum hatten die Frauen den ersten freudigen Schreck überwunden, als sie schon Kisten und Schränke aufrissen, die Kleidungsstücke, den Vorrat an Stoffballen aufteilten, was für sie wertlos war, warfen sie hinter sich. Westen und Leibwäsche wirbelten durchs Zimmer, bedeckten den Leichnam oder fielen zu Boden.

Der Wirt stand am Fenster und schlug sich die Faust immer wieder gegen die Stirn.

„Warum freust du dich nicht?" fragte der Schwager. „Wir haben's geschafft. Jetzt gehört alles uns."

In ohnmächtigem Zorn fuhr der gedrungene Mann herum. „Du verdammter Idiot! Nichts haben wir. Das Vermögen des Geldsacks liegt auf der Bank. Ohne Testament rücken die Herren keinen Heller raus!"

Der Schwager erbleichte, wortlos sank er auf die Bettkante. Schweigen. Nur hin und wieder unterbrochen vom Gezänk der Frauen, wenn sie nicht einig wurden, wem die Uhr, die Kette oder ein Schmuckstück gehören sollte. Plötzlich schob der Schwager den Kleiderberg vom Bett und ergriff die Hand der Leiche. „Dann darf unser lieber Herr Jeremias erst sterben, wenn er sein Testament gemacht hat."

Der Wirt wollte aufbrausen, doch jäh hielt er den Atem an." Das ist es." In den kleinen Augen wuchs ein Hoffnungsschimmer. „Schluss mit der Wühlerei!" bellte er die Frauen an. „Räumt sofort wieder alles an seinen Platz."

Die Nacht hindurch berieten Schwager und Wirt, verwarfen, planten neu, beim Morgengrauen war nur eine Möglichkeit übrig geblieben.

„Wir schaffen den Jeremias runter in den Weinkeller", eröffneten sie ihren Frauen, „und einer von uns legt sich ins Bett."

Zweifelnd betrachtete die Schwester des Wirts den dürren Körper, das schmale Gesichtchen des Toten. „Wer von euch soll ihn denn ersetzen?" Der Bruder war zu breit und muskelbepackt, Hals und Bauch ihres Mannes waren viel zu fett und rund.

Erneut befiel Ratlosigkeit die Erbschleicher, sie neben die Fingerknöchel an den Zähnen und rannten auf und ab.

„Gottlieb!" Entschlossen straffte die Frau des Wirts ihren mächtigen Busen. „Wir haben doch den Schneider. So dürr, wie der ist, passt der gut ins Bett."

Aufatmen im Totenzimmer. Mit nassen Augen drückte der gedrungene Mann seine Frau an sich. Zu mehr Erleichterung war keine Zeit. Hastig schafften sie den erstarrten Jeremias in den Keller.

Etwas später als gewöhnlich stieg der Flickschneider an diesem Vormittag die Treppe hinauf. Vor der Tür im obersten Stockwerk erwartete ihn der Wirt. Die Fäuste in die Seiten gestemmt, stand er da.

„Ich konnte nicht eher kommen." Vorsorglich zog Gottlieb den Kopf ein.

Mit dem Finger befahl ihm der Wirt, näher zu kommen. „Halts Maul und hör zu." In dürren Worten teilte er dem eingeschüchterten Schneider das Ableben seines besten Kunden mit. „Schluss. Lohn gibt's keinen mehr." Er tätschelte Gottlieb das Haar, patschte und kniff ihm die Wange. „Aber wir meinen's gut mit dir." Genau

erklärte er die Rolle, die sie dem dürren Mann zugedacht hatten. „Wenn der Notar da ist, diktierst du als Jeremias das Testament. Und zur Belohnung..." dehnte eine großzügige Pause, „bekommst du nachher eine schöne Mitgift für deine Tochter, das versprech ich dir."
Gottlieb überlegte nicht lange, nickte, und bescheiden lächelte er. Im Zimmer war alles vorbereitet. Unter der erfahrenen Aufsicht der Frauen musste sich der Flickschneider ausziehen. Dem spindeligen Nackten wurde ein seidenes Hemd übergestreift, ehe sie ihm die Nachtmütze aufsetzten, puderten sie sein schmales Gesicht, bis es bleich und kränklich aussah, so wurde Gottlieb aufs Bett gelegt, den Kopf drückten sie tief ins Kissen und zogen ihm die Federdecke bis unters Kinn.
Nichts stand dem Besuch des Notars noch im Wege.

„Hört mich denn keiner?" Den Blick starr zur Decke gerichtet, spielte Gottlieb den schwerhörigen reichen Kaufmann.
„Das Testament!" rief der Notar. „Alles ist vorbereitet!" Er hielt dem Hochbetagten das Blatt vor die Augen. „Nach Auskunft der Bank habe ich hier Ihr gesamtes Vermögen aufgelistet."
„Brav. Ein braver Bursche bist du." Die Haut um die Mundwinkel zog sich in Lachfalten.
„Es fehlen nur noch die Namen. Wie ich erfahren habe, möchten Sie die selbstlosen Menschen, die Sie so aufopfernd versorgt haben, als Alleinerben einsetzen."
„Lauter!" zankte die krächzende Stimme. „Red lauter!" „Sagen Sie die Namen!"
„Dräng nicht so, Bursche!"
Mit einem Mal genoss es Gottlieb, wie sehr sich der Notar bemühen musste und schloss die Augen. Still lag er da, jeder Atemzug ließ ein neues, verlockenderes Bild erstehen. Doch mehr noch, als alles andere, strahlte die Hochzeit seiner Tochter, weiß und prächtig.
„Bitte. Wie teilen Sie das Vermögen auf?" flehte der Urkundenbeamte. „Wer von

beiden bekommt wieviel? Nur das muss ich noch wissen. Bitte."
Langsam öffneten sich die Lider. „Weil er mich so treu umsorgt hat, soll der Wirt 500 Goldgulden erhalten. Und seinen Schwager bedenke ich mit 200 Silbertalern."
Von rechts und links stürzten beide zum Bett, ein Knie auf der Matratze, Stirn gegen Stirn, so starrten sie auf das Gesicht unter ihnen. „Aber, Herr Jeremias'" Flehen. „Wir sind doch immer Ihre liebe Familie gewesen!" Bitten. „Sie haben sich geirrt, lieber Herr Jeremias." Drängen. „Wie unsern Vater haben wir Sie gepflegt! Denken Sie doch daran!"
„Zurück!" befahl der Notar ärgerlich. „Wagen Sie es nicht noch einmal, den Erblasser zu beeinflussen. Sonst muss ich sie hinausschicken."
Mühsam beherrscht, zähneknirschend zogen sich die Männer an die Wand zurück.
„Also 500 und 200 für den Wirt und dessen Schwager." Sorgfältig trug der Urkundenbeamte Name und Summe ein und blickte auf. „Wen setzen Sie als Haupterben ein?"
„Lauter!" herrschte es aus dem Kissen.
„Ihr großes Vermögen? Wen bedenken sie damit?"
Nach einem Hüsteln krächzte der Greis. „Hier in der Nachbarschaft wohnt ein armer, bescheidener Mann. Stets hat er meine Garderobe aufs beste gepflegt. Diesem Flickschneider Gottlieb vermache ich alles. Den ganzen großen Rest!"
Ein wilder Schrei brach aus den Kehlen der beiden Männer. Erst auf den strafenden Blick des Notars hin schwiegen sie endlich.
Ruhig notierte er Namen und Adresse des Haupterben, verlas mit lauter Stimme noch einmal das Testament und wachte geduldig, bis die zittrige Hand 'Jeremias' unter das Dokument geschrieben hatte.
Er selbst beglaubigte es mit schwungvollem Namenszug. „Damit ist das Testament rechtsgültig."
Kaum war der Urkundenbeamte gegangen, da stürzten sich Wirt und Schwager wie Hunde auf den mageren Flickschneider und rissen ihn aus dem Bett. Zwi-

schen ihren Fäusten schlugen sie ihn hin und her, stumm ertrug Gottlieb jede Misshandlung, bis sie endlich atemlos von ihm abließen. „Alles war umsonst. Die ganze Mühe", stöhnte der Wirt. „Zu spät! Und wenn wir jetzt was sagen, kriegen wir überhaupt nichts", jammerte der Schwager. „Dann ist alles weg."
Mühsam rappelte sich Gottlieb vom Boden hoch. So schnell es ihm möglich war, stieg er in seine Kleider. An der Tür zögerte er und wandte sich zu den beiden um. Obwohl die Nase blutete, ein Zahn fehlte, verzog er das dick geschwollene Gesicht zu einem Lächeln. „Seid nicht so enttäuscht. Wartet noch ein paar Jahre. Als reicher alter Mann brauche ich sicher einen Platz und liebe Menschen, die mich pflegen." Er betastete vorsichtig seine Nase. „Denkt an die Zukunft und seid brave Burschen. Wer weiß, vielleicht überlege ich's mir dann und logiere hier bei euch."
Leise humpelte Gottlieb aus dem Zimmer.

Noch in der Nacht schafften Wirt und Schwager den verblichenen Jeremias aus dem Weinkeller wieder hinauf ins oberste Stockwerk. Weder Doktor noch Leichenbeschauer hatten etwas zu beanstanden, und das Testament des Verstorbenen brachte Gottlieb Reichtum und Glück.
Schon übers Jahr war ein Schwiegersohn gefunden. Drei rauschende Tage und Nächte ließ der reiche Flickschneider die Hochzeit der Tochter im Gasthaus feiern.
Eilfertig sorgten der Wirt und sein Schwager für Getränke und köstlichste Speisen. Tief dienerten beide, als Gottlieb die Rechnung zahlte und sie obendrein mit einem großzügigen Trinkgeld belohnte.

Der Teufelsbanner im Neandertal

Ich hatte den Satan gut gepackt,
doch er wehrte sich mit Klauen und Zähnen.

„Fasan! Rebhuhn! Pfui, Teufel!" Am dürren Hals des Schlossherrn von Hellenbruch schwoll die Ader, der Adamsapfel hüpfte. Er stemmte seine langen Arme in die Seite. „Hirschbraten! Dazu habe ich morgen die Gäste eingeladen. Zum saftigen Hirschbraten!"
Den Kopf eingezogen blickte der Vogt hilfesuchend zum Jäger hinüber. Jacob hielt die Augen unverwandt auf den Boden gerichtet und schabte mit der Fußspitze über die blanken Holzbohlen.
„Wo ist mein Hirsch?" Die Stimme des hochgewachsenen hohen Herrn donnerte durch den Saal.
„Weg. Verzeiht, aber die Grube war leer." Noch tiefer duckte der Verwalter den Kopf. „Und die drei Hasenschlingen, auch die waren leer."
Hochrot vor Zorn schwang der Schlossherr den rechten langen Arm. Ohrfeigen, von rechts und links. „Du Tölpel! Du unfähiger Hornochse!" Wahllos klatschten die Schläge auf Kopf und Rücken des Unglücklichen nieder.
„Was kann denn ich dafür! Es ist nicht meine Schuld! Fragt doch den Jäger."
Sofort wich Jacob einige Schritte zurück. Nein, so ungeschickt wie der Verwalter war er nicht. In all den Jahren hatte dieser arme Tropf nichts dazugelernt. Er befolgte noch nicht einmal das wichtigste Gebot: Schlechte Nachrichten überbringt man außer Reichweite der Fäuste des jähzornigen Ritters.
Mit großer Vorsicht nickte Jacob. „Es ist wahr, Herr. Jemand hat den Hirsch gestohlen. Am Rand der Fallgrube fanden wir nur noch die Eingeweide. Bei den Schlingen war's das gleiche. Auch die Hasen sind verschwunden."
„Ein Wilddieb in meinem Neandertal! Und ihr habt diesen schamlosen Schurken einfach davonkommen lassen? Ich sollte euch ..." Schweratmend stampfte

der Schlossherr auf und ab, sein Adamsapfel zuckte bedrohlich.

Kaum wagte der Verwalter, den Kopf zu heben. Flehend gab er dem Jäger ein Zeichen. „Sag du es. So sag es doch."

Jacob kratzte im blonden Flaum über der Lippe. „Kein Wilderer, Herr. Ganz sicher nicht." Sofort hätten sie die Hunde angesetzt. Bis zur schmalen Holzbrücke über die Düssel wären sie der Spur gefolgt, weiter nicht. „Als wir drüben den Eingang der Höhle sahen …" Der Jäger ließ eine Pause, rollte die Augen und setzte hinzu: „Es ist furchtbar, aber wahr."

Heftig schluckte der Vogt. „Er war's. Der Leibhaftige."

„Schweigt!" herrschte der Ritter. Beide Fäuste presste er an die Schläfen. „Ich will nichts davon hören. Ich erlaube es einfach nicht, dass der Satan sich in meinem Neandertal herumtreibt. Habt ihr verstanden. Die Teufelskammer ist nur Geschwätz!"

Jacob wartete, bis sich die Erregung seines Herrn etwas gelegt hatte, endlich sagte er leise und bedächtig: „Verzeiht, aber ich bin ganz sicher: Da haust der Böse hin und wieder. Mein Großvater war schon Jäger bei Ihrem Großvater. Und ein einziges Mal ist er in die Teufelshöhle hineingekrochen. Nicht weit. Und da hat er den Bockskopf von der Decke hängen sehen. Glaubt mir, da hat der Leibhaftige sich selbst sogar abgebildet. Ganz weiß und aus Marmor. Genau wie bei uns im Park die Köpfe von den Statuen, nur andersrum."

Furchtsam setzte der Vogt hinzu, dass alle Höfler der Gegend, selbst die Leute aus Mettmann, Millrath oder Gruiten ihn schon gehört hätten. Jawohl, wer sich in die Nähe der Teufelskammer wagt, der hat irgendwann auch das entsetzliche Brüllen vernommen.

Der Schlossherr warf sich in den Sessel. „Meine fetten Hasen! Meine Rehe! Meine Hirsche! Da besitze ich das schönste Tal im Bergischen Land. Ein Jagdgebiet, um das mich all unsere hochwohlgeborenen Nachbarn beneiden. Und dieser Satan verdirbt mir jedes Vergnügen!" Immer wieder schlug er die Fäuste auf die Lehnen. „Schluss! Ich will, dass endlich Schluss ist."

Mit einem Mal glättete sich die Stirn des Ritters. „Pater Rufus. Der berühmte Franziskaner vom Kloster Hardenberg, der kennt sich in diesem Geschäft aus. Ihn werde ich kommen lassen. Schon nächste Woche. Koste es, was es wolle. Er soll mir den Satan aus der Höhle verbannen."
Für einen Augenblick huschte Unruhe über das Gesicht des Jägers, schon hatte er sich wieder in der Gewalt. „Darf ich jetzt gehen, Herr? Es ist Samstag. Bis zum Abend hab ich noch viel zu tun. Der Hundezwinger muss dringend gesäubert werden.
Tief in Gedanken, mit einem Handwedeln entließ ihn der Ritter. Und hastig zog sich Jacob zurück.
„Hoher Besuch aus Düsseldorf!" schreckte der Schlossherr auf. „Und was biete ich morgen meinen Gästen?"
Verzagt zuckte der Verwalter die Achseln. „Nur Rebhuhn und Fasan."
Kaum hatte er geendet, als der Ritter weit den langen rechten Arm zurückschwang. Ohrfeigen, von rechts und links. „Du Tölpel!"
„Nicht mehr schlagen. Ich, ich kann doch nichts dafür."
Das Gewimmer ließ die Ader am dürren Hals des Herrn von Hellenbruch noch weiter anschwellen, wild hüpfte der Adamsapfel. „Wen soll ich denn sonst prügeln, du unfähiger Hornochse?"

Die Sonntagsmesse in Gruiten war vorüber. Längst hatten die Besucher das kleine Kirchenschiff verlassen. Nur Martha und Agnes waren zurückgeblieben. Im Gebet versunken knieten die alten Jungfern vor der Mutter Gottes. Schließlich hob Martha die Augen. „Und ich danke dir für die schöne Hirschkeule, die du uns heut Nacht an die Tür gehängt hast."
„Dafür danke ich dir auch." Beide schlugen das Kreuz, banden ihre schwarzen Kopftücher fester und trippelten aus der Kapelle.

Vor dem kleinen Haus am Dorfrand erwartete Jacob seine Tanten. Er lächelte ihnen entgegen, und behutsam umarmte er eine nach der anderen.

„Als ob du es gerochen hättest, Junge." Martha strich ihm das Haar aus der Stirn.

Agnes streckte vielsagend den Finger. „Wir haben eine Überraschung für dich. Heute gibt es ..."

„Nicht du", unterbrach Martha ihre Schwester. „Lass es mich sagen." Sie reckte ihren Mund ans Ohr des schlanken Jägers. „Heute gibt es wieder köstlichen Hirschbraten. Aber du darfst nicht fragen, woher wir ihn haben. Versprich es, Junge."

„Es ist nämlich wieder ein Wunder geschehen", raunte Agnes. Rasch blickten sich beide Jungfern um, niemand hatte es gehört.

„Ich frag bestimmt nicht." Jacob kratzte im blonden Flaum über der Lippe. Schmunzelnd hakte er seine Tanten unter. „Und jetzt hab ich Hunger. Keinem gelingt der Hirschbraten so wie euch."

Am Donnerstag, bereits kurz nach dem Mittagsgebet, war der herrschaftliche Wagen in den Hof des Klosters Hardenberg eingerollt. Pater Rufus hatte dem Kutscher ausrichten lassen, er solle sich gedulden, noch wäre er mit den Vorbereitungen nicht so weit. In seiner Zelle legte sich der beleibte Mönch nieder, faltete die Hände über dem Bauch und hielt wie gewohnt den täglichen Mittagsschlaf. Geräuschvoll saugte und blies er gut eine Stunde den Atem ein und aus und erwachte frisch und gestärkt.

Keine Hast, allein Sorgfalt und Ruhe führen zum Erfolg. Der erfahrene Geister- und Teufelsbanner wählte umsichtig zwischen den heiligen Mitteln und Geräten aus. Gott sei Dank, der Böse war diesmal nicht in eine Kuh oder einen Mann gefahren. Heute würde er es nur mit ihm selbst aufnehmen müssen. Eine lästige, aber lösbare Aufgabe. Pater Rufus entschied sich für das Heilthumkästchen, in dem ein Splitter des heiligen Kreuzes und ein Bröckchen der Säule, an der Christus gegeißelt worden war, sicher verwahrt lagen. Diesen wirksamen Schatz steckte er in den Beutel am Hüftstrick der braunen Kutte. Die Kapsel mit dem Agnus Dei hängte er sich um den Hals, auch das kleine Kreuz und ebenso das goldeingefasste und vom Papst selbst geweihte Stück weißen Wachses. Mit einem Mal rundete Rufus die üppigen Lippen. „Eine Höhle! Der Böse soll in einer Höhle hausen. O Gott, sicher bleibt mir nichts anderes, als zu kriechen." Ihn schauderte leicht. Während der Wohlbeleibte das Mönchsgewand schürzte und vorsorglich Wolltücher um die Knie schlang, seufzte er: „Nun ja. Jede Erschwernis muss gesondert abgerechnet werden." Der Gedanke an diesen kleinen Trost munterte ihn auf. Er war bereit, dem Hilferuf des Herrn von Hellenbruch Folge zu leisten.

Bei der Ankunft des berühmten Franziskaners wartete die Dienerschaft stumm im Schlosshof. Der Ritter nebst Gemahlin und Kinderschar, der Vogt und der Hauslehrer begrüßten ehrfürchtig den ersehnten Teufelsbanner. Huldvoll nickten selbst die hohen Gäste aus Düsseldorf. Kaum war den edlen Damen und Junkern das gefahrvolle Vorhaben des Schlossherrn unterbreitet worden, als sie ohne Zögern ihren Besuch verlängert hatten.
Nur Jacob stand abseits im Schatten der Scheune. Noch während Pater Rufus seine Leibesfülle aus der Kutsche mühte, entfernte sich der Jäger unbemerkt und eilte in Richtung Neandertal davon. „Wir sollten unverzüglich aufbrechen", drängte Herr von Hellenbruch.
„Gemach, gemach." Die Zungenspitze des Mönches glitt aus dem Mund und netzte die trockene Unterlippe. „Ich fühle mich leicht geschwächt." Er strich über den Bauch und blickte bescheiden die herrschaftliche Gesellschaft an. „Damit unser schweres Werk gelingt, wäre es gut, wenn ich zuvor ein Stückchen Brot und einen Schluck Wasser zu mir nehme."
Befehle. Der Verwalter klatschte in die Hände, sofort rannten Mägde und Knechte. Gemessenen Schritts ließ sich Pater Rufus in den Saal führen und nahm an der Tafel Platz. Wortlos verzehrte er eine Gänsepastete nach der anderen. Er nahm vom Schinken, kostete genüsslich die Trüffeln, sprach dem süßen Brombeerwein zu und ließ sich nachschenken.
Der Adamsapfel des hochgewachsenen Schlossherrn rutschte auf und ab,

schließlich hüpfte er vor Ungeduld.
Noch ein letztes köstliches Gebäck. Zufrieden tupfte der wohlbeleibte Franziskaner die Lippen ab. „Ans Werk."

Mit vier Kutschen fuhren sie ins Neandertal. Am diesseitigen Ufer der Düssel ließ sich die herrschaftliche Gesellschaft im Schatten der Bäume nieder.
Lange starrte Pater Rufus hinüber zur Höhle, noch einmal wandte er sich zu Herrn von Hellenbruch und seiner Gemahlin um. „Haltet die Kinder zurück. Es wird ein harter Kampf." Damit nahm der Teufelsbanner die Laterne aus der Hand des Verwalters, betrat den schmalen Holzsteg und überquerte aufrecht und ohne Wanken den Fluss.
Alle Blicke folgten ihm, Frauen fächelten sich Luft zu, und Männer ballten die Fäuste.
Vor der Höhle sank der unerschrockene Gottesmann auf beide Knie und schlug das Kreuz. Die Laterne vorgestreckt schob er den Kopf hinein, er kroch und wand sich, versuchte es erneut, erst nach heftigem Rucken gelang es ihm, den mächtigen Leib vollständig durch das Loch zu zwängen. Keuchend blieb er liegen. „Allein für diese Mühe werde ich doppeltes Geld verlangen." Damit kehrte seine Kraft zurück.
Strenger Geruch erfüllte die kühle Luft. Im flackernden Schein der Laterne erkundete Pater Rufus den unheimlichen Ort. Eine niedrige, aber geräumige Kammer. Er wuchtete den Körper hoch und tastete sich gebückt vorwärts.
Hart stieß sein Kopf gegen etwas Kaltes, Nasses. „Weiche von mir!" stammelte der Mutige. Doch dann klärte sich sein Gesicht. Von der Höhlendecke hing ein weißes steinernes Gebilde herunter. „Das also soll der gefürchtete Bockskopf sein." Er schmunzelte wissend. „Nur ein Tropfstein, nichts sonst." Das Rätsel war schnell und einfach gelöst.
Dennoch beschloss der tüchtige Franziskaner, nicht gleich umzukehren. Man hatte ihn gerufen, den Bösen zu vertreiben. Und solch ein Werk war stets ein einträgliches Geschäft. Auch wenn es nichts zu tun gab, musste er eine ange-

messene Weile hier im Finstern ausharren. Erst danach würde sein Auftraggeber glauben, dass er die Arbeit gründlich und gewissenhaft zu Ende gebracht hätte. Pater Rufus strich seinen Bauch. Außerdem warteten draußen Gäste aus der Hauptstadt. Welch eine Gelegenheit! Gerade vor ihren Augen würde runder Erfolg seinem Ruf sehr zuträglich werden.
Im Hintergrund der Höhlenkammer entdeckte der fromme Mann einen breiten Spalt. Damit die Wartezeit nicht zu lang wurde, stieg er durch die Öffnung und folgte dem gewundenen Gang tiefer in den Berg hinein.
Nach jeder Biegung wurde der strenge Geruch beißender.
Knurren! Fauchen! Dicht vor ihm. Pater Rufus hob die Laterne, und sein Blut stockte. Satan in seiner furchtbarsten Gestalt versperrte den Weg. Hörner wie ein Hirschgeweih, riesige Augen glühten in der Fellfratze, das Maul bewehrt von Eberhauern. Wild fletschte der Böse das Gebiss, brüllte und stampfte auf den Eindringling los.
Pater Rufus taumelte rückwärts. Niemals zuvor war ihm Luzifer leibhaftig erschienen. „Weiche! Weiche!" jammerte er und wollte tapfer nach dem Kreuz greifen. Da packten die dichtbehaarten Krallen seine Kutte. Alle Kunst war jetzt vergebens. In höchster Not gelang es dem frommen Mann, sich loszureißen, die Laterne polterte zu Boden, aufschreiend wandte er sich um und floh den Gang zurück. Der Leibhaftige blieb ihm auf den Fersen. Schmerzhaft stieß Pater Rufus in der Finsternis gegen Felskanten, stolperte über Steine, er hastete weiter. Hinter ihm: Gurgeln, Fauchen, Zischen, dazwischen mal abgehackt, mal langgezogen das höllische Geheul, laut und immer lauter. In der Felskammer stürzte Pater Rufus schwer zu Boden. Er gab nicht auf, rutschte und kroch weiter. Das helle Rund des Höhlenlochs war zum Greifen nahe. Plötzlich hockte der Satan auf seinem Rücken, krallte sich fest und hieb ihm die Fersen in die Seiten. Der Verzweifelte schrie, sein Schreien übertönte das geltende Gelächter des Bösen. Erst dicht vor dem rettenden Ausgang ließ der Ungeheuerliche von ihm ab. Erlöst tauchte Pater Rufus den Kopf ins Freie, nickte und wand sich. Umsonst. Sein fülliger Leib steckte fest.

„Helft! So helft doch!" flehte er, fuchtelte mit den Armen. Die adelige Gesellschaft hatte sich erhoben und stand fassungslos am anderen Ufer der Düssel. „Helft! Ich ..."

Ein heftiger Biss in die hinterste Gegend seines Rückens. Vor Schmerz zuckte der Teufelsbanner nach vorn, und mit einem klagenden Schrei rutschte er ganz nach draußen. Auf den Knien liegend schlug er die Hände vors Gesicht. „Dank. Dank!" wimmerte er. Schauer des Grauens schüttelten den mächtigen Körper. Pater Rufus rang nach Atem, keuchte.

Nur allmählich legte sich das Zittern. Der erste klare Gedanke galt seinen Gliedern. Nichts schien gebrochen. „Dem Himmel sei Dank." Seine Hand glitt unter das Mönchsgewand und betastete die schmerzhafte Stelle, als er sie wieder hervorzog, entdeckte er fassungslos, dass eine der Fingerkuppen mit Blut beschmiert war. Mit letzter Kraft raffte der Teufelsbanner sich auf. Die verdreckte Kutte war an Schulter und Bauch zerrissen. Schweiß rann über das leichenblasse Gesicht, so gezeichnet wankte der Franziskaner über den Steg. Am anderen Ufer drohten die Knie zu versagen. Sofort stürzten Vogt und Hauslehrer zu Hilfe, führten den Erschöpften zur Kutsche und schoben ihn auf den Sitz.

„Der Satan hat mich besiegt." Damit schloss Pater Rufus die Augen.

Am Hals des Herrn von Hellenbruch hob und senkte sich der Adamsapfel. „Zurück zum Schloss."

Erschüttert stiegen Kinder, Damen und Junker in die Wagen.

Eine schnelle Ohrfeige für den Verwalter. „Du fährst voraus. Lass auftischen. Aber vom Besten. Der Pater benötigt eine Stärkung."

Sie fütterten ihn mit Trüffeln, hoben den Becher an seine Lippen. Erst nippte er teilnahmlos am Brombeerwein, doch Schluck für Schluck kehrte Leben in das bleiche Gesicht zurück, bald griff er selbst nach dem Becher. Als endlich gesunde Röte die vollen Wangen überzog, wagte der Schlossherr zu fragen: „Werden Sie Ihr Werk fortsetzen?"

Die Unterlippe des Franziskaners zitterte. „Es wäre besser ..."

Ehe er den Kopf schütteln konnte, schenkte der Ritter ihm den Becher wieder randvoll ein. „Stärken Sie sich. Stärken Sie sich noch etwas."

Die Süße des Brombeerweins besiegte das bittere Erlebnis der vergangenen Stunden. Pater Rufus blickte in die gespannten Gesichter der vornehmen Gäste aus Düsseldorf, dachte an seinen Ruf und setzte den Becher kraftvoll auf der Tafel ab. „Ich hatte den Satan gut gepackt, dennoch konnte er sich losreißen. Ich bedrängte ihn, doch er wehrte sich mit Klauen und Zähnen." Der füllige Mann rückte den untersten Teil seines Rückens ein wenig zur Seite, dass die schmerzende Stelle nicht mehr vom harten Stuhlsitz gedrückt wurde.

Mühsam beherrscht legte Herr von Hellenbruch die Fäuste aneinander. „Ich dulde nicht, dass der Leibhaftige ..."

„Gemach. Gemach." Der erfahrene Teufelsbanner nahm einen tiefen Zug und wischte mit dem Ärmel den Mund. „Der Kampf ist noch nicht verloren. Verstehen Sie." Seine Zunge war schwer geworden. „Ich, ich gebe nicht auf. Bringt mich zurück ins Kloster. Ich benötige kraftvollere Mittel, um Luzifer zu besiegen."

Geduldig hatte Jacob in der Nähe des Hundezwingers gewartet. Jetzt öffnete sich das Hauptportal des Schlosses. Diener trugen lodernde Fackeln voran. Der schlanke Jäger beobachtete, wie sein Herr den Franziskaner zur Kutsche begleitete. Siegessicher dröhnte die Stimme durch den Schlosshof. „Morgen werde ich, Rufus, den Bösen vertreiben!" Noch einmal beugte der fromme Mann den Kopf aus dem Wagenfenster. „Allerdings." Er winkte seinen Auftraggeber näher. „Allerdings. Es ist eine außergewöhnlich schwere Aufgabe. Und deshalb muss auch das Entgelt außergewöhnlich hoch sein."

Herr von Hellenbruch war einverstanden. Koste es, was es wolle. Wenn nur der Satan aus seinem Neandertal vertrieben würde.

Längst war die Kutsche in der Dunkelheit entschwunden.

Drüben am Hundezwinger rieb Jacob nachdenklich den Flaum über der Lippe. Mit einem Mal grinste er. „Dieser fette Pfaff. Ich glaub nicht, dass er's schafft."

Beim ersten Morgengrauen schlich Jacob hinüber zum Geräteschuppen, und ehe der Hahn krähte, verließ der schlanke Mann unbemerkt den Schlosshof und eilte in Richtung Neandertal davon.

Gegen Mittag erreichten die vier Kutschen wieder das diesseitige Ufer der Düssel. Ohne Lärm lagerte sich die vornehme Gesellschaft in den Schatten der Bäume.
Bedrücktes Schweigen.
Pater Rufus rückte schnaufend das große Kreuz vor seiner Brust zurecht, seine Finger berührten fahrig die Kapsel mit dem Agnus Dei. Das Gesicht des beleibten Mönchs war blass, fest presste er die vollen Lippen aufeinander. Er überprüfte den Inhalt des Beutels an seinem Hüftstrick. Das Heilthumkästchen. Das kleine, geschlossene Gefäß mit gesegnetem Wasser. Seine Linke ergriff den Haltering, und leicht schwankte das Weihrauchfass an den drei Ketten. Mit der Rechten nahm er die Laterne aus der Hand des Verwalters.
Aufs beste gerüstet trat der berühmte Teufelsbanner vor seinen Auftraggeber hin. „Es wird ..." die Stimme des Tapferen versagte, erst nach heftigem Räuspern konnte er weitersprechen und bemühte sich, Größe zu zeigen. „Haltet die Kinder zurück. Es wird ein harter Kampf."
Herr von Hellenbruch nickte stumm, heftig hüpfte der Adamsapfel.
Noch ein letzter Blick streifte die atemlose hochwohlgeborene Gesellschaft, dann schritt Pater Rufus aufrecht zum Ufer der Düssel und betrat die schmale Holzbrücke. Fast hatte er den Fluss überquert. Jäh erscholl langgezogenes teuflisches Geheul aus der Höhle. Der fromme Mann sprang einen Schritt zurück. Der Steg ächzte. Wieder schrie der Satan, diesmal schrill und abgehackt.
Und wieder sprang Pater Rufus einen Schritt zurück. Der Steg wippte ächzend auf und nieder.
Schneller, schriller, jeder Teufelsschrei fuhr in den frommen Mann, zwang ihn zu einem erschreckten Satz rückwärts. Schon war der Franziskaner bis zur Mitte des Flusses gewichen, da setzte Luzifer zu einem nie gehörten Höllengebrüll an. Pater Rufus sprang einen gewaltigen Satz zurück. Der Steg brach entzwei, und mitsamt

der Balken stürzte der wohlbeleibte Mönch schreiend in die Düssel.
Infernalisches Gelächter ertönte aus der Höhle. Erst als Pater Rufus vom Vogt und dem Hauslehrer ans jenseitige Ufer gehievt wurde, schwieg der Leibhaftige. Herr von Hellenbruch schlug die Fäuste an seine Schläfen. „Zurück", stammelte er. „Zurück ins Schloss!"
„Nein, es ist genug." Schweratmend lag der Teufelsbanner im Gras. „Bringt mich ins Kloster."
„Aber meine Rehe, die Hasen, meine Hirsche", wild hüpfte der Adamsapfel. „Was soll aus meinem Neandertal werden?"
„Dieser Satan ist nicht zu vertreiben. Ich gebe auf." Geschwächt hob der Mönch die Hand. „Hören Sie. Niemand darf sich je wieder in die Nähe der Höhle wagen. Lassen Sie dem Bösen alles Wild, das er sich nimmt. Es bleibt genug für Sie übrig."
Unter den teilnahmsvollen Blicken der hochwohlgeborenen Gesellschaft brachte man den durchnässten Franziskaner zur Kutsche. Beim Abschied murmelte er: „Zum ersten Mal hat all meine Kunst versagt. Welch eine Niederlage." Er lehnte den Kopf zurück und schloss die Augen.

Von der Höhle aus sah Jacob zu, wie drüben Kutsche nach Kutsche davonfuhr. Friedvolle Stille legte sich wieder über das Neandertal.
Tief im Berg, in der zweiten Höhlenkammer, dort wo sein Vorrat an Wildbret kühl lagerte, schnürte Jacob das Hirschgeweih ab und legte Fellstreifen, Eberhauer und Adlerkrallen sorgsam neben die Säge. „Man kann ja nie wissen."
Er pfiff vergnügt und nahm die Laterne vom Boden. Bevor er seine Teufelshöhle verließ, vergewisserte er sich wie gewohnt, dass niemand in der Nähe war, und kroch ins Freie.
Nach der Sonntagsmesse erwartete der schlanke Jäger seine Tanten vor dem kleinen Haus. Er lächelte ihnen entgegen, und behutsam umarmte er eine nach der anderen.
„Als ob du es gerochen hättest, Junge." Martha bog seinen Kopf herunter und gab ihm einen Kuss auf die Stirn. „Wir haben eine Überraschung für dich."

„Heute sag ich es." Agnes ließ der Schwester keine Zeit. „Ein fetter Hase. Wieder ist ein Wunder geschehen." Sie schnappte nach Luft. „Aber du darfst nicht fragen, woher wir ihn haben. Versprich es, Junge."

Die Junkersteuer zu Düsseldorf

Wovon sollen denn die ständig wachsenden
Gehälter der Beamten bezahlt werden?

„Dalwigh, du bist ein Idiot!" Das war laut und deutlich. Mühsam versuchte Herr Dalwigh von Unterbach, seine Empörung zu unterdrücken. Vergeblich. War das der gepriesene, lockere Umgangston zwischen den Mitgliedern des Landtages? Er ballte die Faust. Daran konnte und wollte er sich nicht gewöhnen. Eine Beleidigung war eine Beleidigung! Auch wenn sie behaupten, dass in der modernen Politik ein klares Wort erlaubt sei. Dalwigh atmete schwer. „Wer hat das gesagt?"
Seine Stimme dröhnte gegen die Mauer des Schlossturms von Düsseldorf.
So unbeteiligt wie möglich blickten die Adeligen vor sich hin.
„Das muss ich mir nicht bieten lassen!" Lippen und Nasenflügel des untersetzten Mannes bebten, das Gestrüpp über den großen, braunen Augen zuckte nach oben. „Wer? Ich will es wissen. Sofort."
„Wovon redest du, lieber Freund?" fragte Junker Rodewald von Wülfrath gefährlich sanft.
„Einer dieser ehrenwerten Herren hat mich gerade ..." Dalwigh seufzte und schwieg.
Achselzuckend wandte sich der galante Junker wieder an die Edlen des Landes.
„Wir sind uns also einig. Am Montag werden wir geschlossen ablehnen."
„Wartet noch." Nein, dazu durfte er nicht schweigen. Der Herr von Unterbach hob warnend den Finger. „Wenn unser Kurfürst die Steuer anordnet, dann werde ich mich beugen. Gegen Recht und Gesetz lehne ich mich nicht auf. So haben es alle meine Vorfahren gehalten, und so bleibt es."

Ein Aufstöhnen ging durch die Reihen. Dieser Dickschädel! Niemand wagte das

Schimpfwort zu wiederholen, dafür tippten sich die Mitglieder des Landtages bedeutungsvoll gegen die Stirn.

Vor gut einer Stunde hatten sie den Saal verlassen. Unter Tumult war die Sitzung auf den Wochenanfang vertagt worden. In einer geschützten Ecke des Schlossturms, nahe dem Rheinufer, hatten sich die reichbegüterten Junker um ihren Sprecher geschart. Das weitere Vorgehen stand zur Diskussion und duldete keinen Aufschub.
Ihre Steuerfreiheit sollte angetastet werden! Dieses ungeheure Ansinnen des Landesherrn Kurfürst Karl Theodor war wie ein Kanonendonner in die Gemüter gefahren. Steuern! Sie, die Adeligen des Bergischen Landes, die Hochwohlgeborenen des Volkes, sollten mit einem Mal Zölle und Abgaben leisten genau wie jeder einfache freie Bauer und Handwerker. Niemals!
„Fürchtet nichts, Freunde. Wir pochen auf unser uraltes, verbrieftes Recht als Ritter!" Offener Beifall für Junker Rodewald. Nicht umsonst nannten ihn Freund und Feind auch den Fuchs. „Mit Steuern darf unser Stand nicht belästigt werden. Ganz gleich, wie schlimm es um den Landeshaushalt steht."
Die Einmütigkeit in dieser abscheulichen Angelegenheit war rasch erzielt. Nur dieser unaufgeklärte, altfränkische Gutsherr! An ihm war die moderne Zeit vorbeigegangen. Er bekümmerte sich tatsächlich noch ernsthaft um seine Höfler. Einmal im Monat, so wurde gemunkelt, durften sie mit ihren Sorgen zu ihm kommen. Wer in Not geraten war, dem stundete dieser gutgläubige Tropf sogar den Zins. Und jetzt ließ er sich obendrein noch von einem Fürstenwort beeindrucken.
„Begreif endlich, Dalwigh. Unser dicker Karl Theodor hat uns einen Vorschlag unterbreitet." Leicht winkte Rodewald ab. „Was bedeutet das schon? Wir leben in der zweiten Hälfte des achtzehnten Jahrhunderts. Die Zeiten sind gottlob längst vorbei, in denen ein Fürst allein und willkürlich Gesetze erlassen kann." Sein Ton wurde scharf. „Wir, der Ritterstand, verfügen über die absolute Mehrheit im Landtag. Deine Stimme fällt zwar nicht ins Gewicht. Trotzdem will ich,

dass wir geschlossen auftreten. Also überleg dir gut, was du tust."
„Ich will keinen Streit mit den Nachbarn", brummte Dalwigh. Das struppige Buschwerk zog sich über den Augen zusammen. „Also gut, wenn's nur ein Vorschlag ist, dann lehne ich auch ab." Er hob den Finger. „Aber niemals werde ich gegen Gesetz und Recht ..."
Wieder allgemeines Stöhnen in der Adelsrunde. Überlegen lächelnd legte Junker Rodewald dem Besorgten den Arm um die Schulter. „Vertrau mir, mein Bester. Ich kenne mich aus. In Wahrheit ist unser Kurfürst nur aus Mannheim hergereist, um in Bensberg zu jagen. Also ist er offiziell gar nicht hier. Nur aus einer Laune, vielleicht wegen des schlechten Aprilwetters nimmt er am Landtag teil und lässt uns durch seinen sauertöpfischen Goltstein diesen unglaublichen Vorschlag machen." Triumphierend rief er den Freunden zu: „Aber nicht mit uns!

Es wird keine Junkersteuer im Bergischen Land geben."
„Junkersteuer!" Das Wort wurde zum Scherz, und vergnügt ritten die Herren in ihre Quartiere. Samstag und Sonntag, zwei freie Tage und Nächte! Düsseldorf lud zum Vergnügen ein. Feste und Theatervorstellungen waren für die Mitglieder des Landtages kostenlos. Überdies erhielten sie wahrhaft fürstliche Diäten aus dem Staatssäckel. Vier Taler täglich! Um alle Lustbarkeiten auszukosten, sollte der Landtag möglichst noch lange andauern.
Ohne Zögern ritt Herr von Dalwigh nach Hause. Er hasste dieses aufgeblasene Treiben während der Sitzungswochen. Wie die Heuschrecken fielen Hofschranzen und Beamte, auch die Abgeordneten aus Ratingen, Lennep und Wipperfürth über die Gasthäuser Düsseldorfs her. Besonders toll trieben es die Angehörigen des mächtigen Ritterstands. Sie nutzten den Stadtaufenthalt ungeniert als hochwillkommene Abwechslung. Dalwigh schämte sich für seine adeligen Kollegen. Außerdem, wie konnten sie es wagen, ihn so zu beleidigen? Diese gepuderten Perücken! Doch was nutzte rechtschaffene Empörung, wenn Feigheit zur Tugend geworden war? Auf seiner Burg im nahegelegenen Unterbach wollte er sich von den frechen Manieren und hochnäsigen Gesichtern der Edlen erholen.

Auch der Kurfürst hatte sich mit seinem Statthalter, Minister Graf von Goltstein, nach Bensberg ins Jagdschloss zurückgezogen. Sichtlich verärgert saß er am Samstagmorgen beim Arbeitsfrühstück. Weder Gänseleberpastete, Trüffeln noch das gefüllte Rebhuhn mundeten dem Herrscher. „Diese erste Reaktion der Landjunker hat mich tief betroffen." Kurfürst Karl Theodor straffte die Weste über dem wohlbeleibten Bauch. „Da legen sich unsere freien Bauern und Handwerker krumm, und die reichen Pfaffen und Junker schauen ungerührt zu. Die unseligen sieben Kriegsjahre sind den armen Leuten teuer zu stehen gekommen. Kaum sind sie in der Lage, auch weiterhin allein für den Landeshaushalt aufzukommen. Was nützt Ihre schöne Generaltaxordnung, mein Bester, wenn es nicht möglich sein wird, die wirklich Vermögenden in die Pflicht zu nehmen? Wovon sollen denn die Ausgaben des Hofes, vor allem die ständig wachsenden

Gehälter der Beamten bezahlt werden?" Sinnend nagte der Kurfürst an einem Lerchenbrüstchen. „Ganz ohne Frage. Wir sind in einer fatalen Lage." Graf Johann Ludwig von Goltstein, Statthalter der Herzogtümer Jülich und Berg, tupfte sich satt gefrühstückt den Mund ab. „Ich fasse noch einmal zusammen: Ganz ohne Frage, wir benötigen höhere Steuereinnahmen. Denken wir zunächst an die Reichsten des Landes, an unsere Klöster und Kirchen. Die Geistlichkeit besitzt zwar zwei Fünftel des besten Ackerlandes; doch wer es auch nur wagt, den fetten Beutel der betenden Herren anzutasten, der hat die geballte Macht der Kirche gegen sich."

„Wenn die Pfaffen sich doch wenigstens ernsthaft um ihre Schafe bekümmern würden!" Karl Theodor warf den Rest des Lerchenbrüstchens auf den Teller. „Statt dessen schlemmen sie und werden von Jahr zu Jahr träger."

Graf Goltstein ließ eine gebührende Pause, bevor er fortfuhr. „Die Kirche mit Abgaben zu belegen halte ich also, ganz ohne Frage, für aussichtslos. Und unser Landadel? Ihm gehört gut ein Fünftel der fruchtbarsten Güter."

„Sie alle sind übermäßig wohlhabend, lieber Goltstein. Eine Steuer würde sie nicht um ein Pferd ärmer machen. Auf kein einziges Fest müssten sie verzichten."

Der Statthalter des Kurfürsten hob bedauernd die Achseln. Mit ernsten Worten erläuterte er, wie verzwickt die Lage wirklich war. Als Vasall seines Herrschers hat der Ritter die unbedingte Pflicht zur Heeresfolge. Auf Verlangen muss er unverzüglich mit Ross und Mannen dem Fürst zur Verfügung stehen. Eine kostspielige Aufgabe in früherer Zeit. Und damals war es gerechtfertigt, dass ein treuer Junker sonst keine weiteren Abgaben zu leisten hatte. Doch seit es Kanonen und Gewehre gibt, vor allem seit Krieg mit Hilfe bezahlter Söldnerheere geführt wird, wurde die Vasallenpflicht nicht mehr in Anspruch genommen. „Unbekümmert liegen die Junker auf der faulen Haut. Wenn wir Steuern von ihnen verlangen, werden sie nur müde ihren Lehnsbrief hochhalten, und da sie die Mehrheit im Landtag besitzen, werden wir, ganz ohne Frage, das Gesetz nicht verabschieden können." Graf von Goltstein zückte die silberne Schnupfdose,

nahm eine kräftige Prise, genoss den Kitzel und wischte die Nase.
Schwer stützte der Kurfürst den mächtigen Kopf in beide Hände. „Ich habe mich den Strapazen der mühseligen Reise von Mannheim hierher nur unterworfen, um Ihnen bei der Lösung dieses Problems meine Unterstützung zu gewähren."
Schweigend saßen die Herren sich gegenüber. Schließlich wuchtete Karl Theodor seinen fülligen Körper aus dem Sessel. „Komm, Goldstein. Eine Spazierfahrt durch dieses herrliche Bergische Land wird uns nicht schaden."

An einem schmalen Feld bei Lückerath ließ der Kurfürst den offenen Wagen halten. „Siehst du, mein lieber Freund, wie fleißig er ist."
Ein Bauer ging gemessenen Schritts über sein Land, griff in den Leinenbeutel und warf die Saat mit gleichmäßigem Schwung, dabei murmelte er ohne Pause vor sich hin „Was sagt er, Goltstein?"
Der Statthalter trommelte ungeduldig die Fingerkuppen auf den Samtbelag der Seitenstütze. „Ganz ohne Frage, nichts von Wichtigkeit. Aber wenn Sie es wünschen, werde ich dem Kutscher ..." „Nicht nötig." Schon hatte Karl Theodor den Schlag geöffnet und schritt selbst über das Feld dem Bauern nach. Gespannt horchte er auf das Gemurmel.
„Kommen sie, dann kommen sie nicht; und kommen sie nicht, dann kommen sie."
„Was redest du da?"
Der einfache Mann erschrak, als er seinen Fürsten so dicht neben sich sah. „Verzeiht, Herr." Er schluckte und konnte nicht weitersprechen.
„Nun beruhige dich." Der beleibte Kurfürst berührte ihn an der Schulter. „Ich bin's ja nur."
„Das ist es ja", stammelte der verwirrte Mann. Er besann sich auf die Frage. „Also das ist so. Unser Herr von Kessel in Lückerath lässt seine Tauben fliegen, wann er will. Wir kleinen Höfler sind ihm egal. Und jetzt muss ich Wicken säen."
Karl Theodor runzelte die Stirn, zweifelnd blickte er dem Bauern ins Gesicht. „Nun gut. Ich habe dich etwas anderes gefragt, guter Mann."
„Das ist es ja, verjagen darf ich die Biester nicht. Wenn's Feld frisch gesät ist,

dann warte ich. Kommen die Tauben, dann kommen die Wicken nicht; kommen die Tauben nicht, dann kommen die Wicken."
Verständnisvoll nickte der Kurfürst. „Das ist verzwickt. Mit Taubenliebhabern ist nicht leicht auszukommen, und mit taubenzüchtenden Grundherren erst recht nicht. Doch ich werde sehen, was sich machen lässt, um dich aus deiner fatalen Lage zu befreien."
Ohne den Dank abzuwarten, kehrte Karl Theodor zum Feldrand zurück, leise wiederholte er den Satz des Bauern und schmunzelte.
„Etwas von Belang?" fragte Graf von Goltstein indigniert, als er das vergnügte Gesicht des Fürsten sah.
„Ganz sicher, mein Lieber. Die einfache Weisheit eines Bauern ist immer von Belang."

Wie erwartet erhob sich am Montag, gleich nach Sitzungsbeginn, der galante Junker Rodewald von Wulfrath und lehnte im Namen aller adeligen Mitglieder des Landtages das ungeheure Ansinnen der Regierung ab.
Noch einmal schilderte Graf Goltstein mit bewegten Worten die Notlage der Bauern, appellierte inständig an das Einsehen und die Mitverantwortung der Edlen. Er sprach zu tauben Ohren.
Mit harschen Worten verwies Rodewald auf die verbrieften Rechte des Ritterstandes. Nach Punkt und Komma und stets unter großen Opfern wären ihre Vorfahren der Vasallenpflicht nachgekommen. Jetzt hätten sich die Zeiten gottlob geändert.
Seine Fingerspitzen prüften den Sitz der weiß gepuderten Perücke. „Ich frage: Ist es unsere Schuld, dass die Heeresfolge nicht mehr in Anspruch genommen wird?" Wie ein Theatermime rollte er die Augen, bescheiden hob er die leeren Hände. „Wir, die Adeligen des Bergischen Landes, haben nur eine harte Pflicht: Wir müssen an die Vermögenssicherung unserer Nachkommen denken. Und deshalb, mit Verlaub", er verneigte sich leicht zum Stuhl des Kurfürsten, „und deshalb verweigern wir dem Vorschlag des Ministers unsere

Zustimmung."

Stehend spendeten die Edlen des Landes ihrem Sprecher Beifall. Ein glatter Sieg! Ja, nicht umsonst wurde der elegante Junker auch der Fuchs genannt.

Um jeden Streit mit seinen Nachbarn zu vermeiden, war Dalwigh von Unterbach ebenfalls aufgestanden. Notgedrungen klatschte er zweimal in die Hände. Keine Steuern! Endlich legte sich das satt zufriedene, mit Blick auf den verbitterten Statthalter, auch spöttische Murmeln im Sitzungssaal.

Gespannt wandten sich nun alle Augen zum Stuhl des Kurfürsten. Doch anstatt einer vorbereiteten Rede sagte Karl Theodor mit ernstem Gesicht: „Kommen sie, dann kommen sie nicht; und kommen sie nicht, dann kommen sie." Mehr nicht. So schloss er die Sitzung des Landtages zu Düsseldorf.

Die adeligen Herren pressten die Hand vor den Mund. Jeder bemühte sich, so schnell er konnte den Saal zu verlassen. Erst draußen prusteten sie los, hielten sich die Bäuche und spotteten über den dicken Karl Theodor, lachten so laut, dass es im Schlosshof widerhallte.

Kaum waren vier Tage vergangen, da erschallten Fanfarenstöße im Burghof des Junkers von Wülfrath. Gemessenen Schritts durchquerte seine Frau den Saal und öffnete das Fenster. „Das nenn ich Stil. Wunderbar." Sie klatschte in die zierlichen Hände.

„Was gibt's?" fragte Rodewald.

„Einer unserer Nachbarn hat sich etwas Köstliches einfallen lassen. Sieh dir den Mann auf dem Pferd an. Herrlich. Solch ein phantasievolles Kostüm habe ich zuletzt auf dem Maskenball im Düsseldorfer Schloss gesehen. Ich bin ganz sicher, er bringt uns eine Einladung."

Junker Rodewald runzelte die Stirn. „Den Mann kenne ich. Das ist der Kurier unserer Landesregierung." Verblüfft schüttelte er den Kopf. „Aber was soll der altmodische Aufzug? Wappenrock des Kurfürsten, Stiefel und Stab! So ritten die Herolde zur Lebzeit meines Großvaters von Burg zu Burg, doch nicht mehr heute."

Der Junker beugte sich aus dem Fenster: „Was gibt's?"

Förmlich entrollte der farbenprächtige Bote ein grosses Blatt. „Wir, Karl Theodor, Pfalzgraf zu Sulzbach und Herzog von Jülich und Berg, geben kund!" Die Nachricht war knapp und deutlich. Jeder Ritter des Bergischen Landes habe sich mit Mann und Ross am Dienstag in acht Tagen, bis spätestens 12 Uhr im Schloss zu Düsseldorf einzufinden. Mit Verweis auf den Lehnsbrief sei der Vasallenpflicht unter allen Umständen Folge zu leisten.
Kaum war der Text verlesen, wandte der Herold sein Pferd und trabte würdevoll davon.
Rodewald rückte mit spitzen Fingern seine Perücke zurecht. Spott glitzerte in den Augen des schlauen Fuchs. „Dieser dicke Karl Theodor! Schon auf dem Landtag hatte ich den Eindruck, dass ihm sein Fett in den Schädel gewuchert ist. Heeresfolge! Seit mehr als hundert Jahren wurde sie uns nicht mehr abverlangt." Er schmunzelte, dann verzog er das Gesicht zu einer grimmigen Miene und tappte schwerfällig vor seiner Gemahlin auf und ab. „Siehst du, meine Liebe. So bewegten sich unsere Vorfahren in ihrer klappernden Rüstung."
„Also doch kein Fest." Enttäuscht schloss die Burgherrin das Fenster. „Darf ich denn mit nach Düsseldorf?"
„Du erwartest doch nicht im Ernst, dass ich dieser Aufforderung nachkomme. Ich werde mich nicht zum Gespött der Leute machen."
Der Herr von Wülfrath führte seine Gemahlin galant zum reich geschnitzten Sessel vor den Kamin. „Im übrigen wäre es mir gar nicht möglich, zum geforderten Termin im Schloss zu erscheinen. Ich habe eine Überraschung für dich."
Er setzte sich neben seine Frau und nahm ihre Hände in die seinen. „Wir unternehmen eine Reise nach Luxemburg!"
Nach reiflicher Überlegung hatte sich Rodewald entschlossen, in Luxemburg den ausgedehnten Gutsbesitz eines entfernten Vetters zu kaufen. Nur ein Narr würde sich dieses Geschäft entgehen lassen. „Stell dir vor, meine Liebe. Die Bauern dort zahlen einen wesentlich höheren Zins als unsere Höfler."
Die edle Frau atmete tief und streichelte den Arm des Junkers. „Mein Rodewald. Du bist wirklich ein kluger Mann."

In jedem Burghof des Landes verlas der Kurier die Botschaft des Kurfürsten. Keiner der adeligen Herren nahm die Aufforderung ernst. Sie suchten noch nicht einmal nach Ausreden, ihr sorgloses Gelächter folgte dem farbenprächtigen Herold, bis er durchs Tor davon geritten war.

Nur einer schloss sofort die Rüstkammer auf. Herr Dalwigh von Unterbach! Nicht einen Gedanken verschwendete er auf das 'Warum' und 'Wieso gerade jetzt'. Befehl war Befehl. Dem Fürsten war Gehorsam zu leisten. Bald glänzten wieder Eisenpanzer und Helm, die Schwerter wurden geschliffen, und früh am Dienstag brachen er und seine Mannen von Unterbach auf.

Das Fähnlein flatterte voran, die Pferde schnaubten. Kaum sahen die Bürger Düsseldorfs den stahlstarrenden Trupp durch die Straßen reiten, als Händler ihre Stände vergaßen, Handwerker ungläubig den Hammer sinken ließen und Mütter ihre Kleinen auf den Arm hoben, damit die Kinder das Schauspiel nicht verpassten.

Dalwigh kümmerte sich nicht um Rufe und Gespött. Keiner seiner Mannen wagte es auch nur, zur Seite zu blicken. Kurz vor 12 Uhr erreichten sie den Schlosshof, und während von allen Türmen Düsseldorfs das Mittagsläuten einsetzte, ließ er die Knappen und Knechte Haltung annehmen, hoch zu Ross meldete er mit knarrender Stimme: „Herr Dalwigh von Unterbach bietet Kurfürst Karl Theodor Arm und Schwert! Ich erwarte seinen Befehl."

Die Wachen rannten ins Schloss, und in Begleitung einiger Beamter erschien Graf Johann Ludwig von Goltstein. Stumm inspizierte er die Rüstung des kleinen Aufgebots, endlich nickte der Statthalter zufrieden. „Werter Dalwigh von Unterbach, der Kurfürst ist nach Mannheim zurückgekehrt, doch er lässt Ihnen durch mich herzliche Grüße ausrichten. Mit der Versicherung seiner Gnade dürfen Sie wieder nach Hause zurückkehren."

Ein übler Scherz? Dalwigh ballte die Faust. „Ich versteh nicht..." „Ärgern Sie sich nicht, lieber Freund." Graf von Goltstein trat dicht an das Streitross heran. „Aufwand und Unbequemlichkeit zahlen sich aus. Reiten Sie getrost nach Unterbach. Ihnen wird auch in Zukunft völlige Steuerfreiheit gewährt."

Das Gesicht des Statthalters verzog sich zu einem grimmigen Lächeln. „Die anderen edlen Herren aber, die heute nicht erschienen sind, sie werden, ganz ohne Frage, von nun an mit deftigen Zöllen und Abgaben zu rechnen haben." Dalwigh befreite seinen Kopf vom schweren, spiegelblanken Eisenhelm. Das struppige Buschwerk über den braunen Augen schob sich ineinander. „Aber das Gesetz ist abgelehnt."
„Lieber Freund, wer seine Vasallenpflicht verletzt, wird mit Strafe belegt, so lautet das alte Recht. Art und Höhe liegen im Ermessen unseres weisen Landesherren. Wir benötigen also kein Gesetz mehr, um die Junkersteuer einzuführen." Graf Goltstein zückte die silberne Schnupfdose, nahm eine kräftige Prise, genoss den Kitzel und wischte die Nase. „Bereits morgen wird unser Kurier mit den gesiegelten Schreiben losreiten. Sein erstes Ziel wird natürlich der Herrensitz in Wülfrath sein. Was gäbe ich darum, das Gesicht dieses neunmal schlauen Junkers Rodewald zu sehen, wenn er den Bescheid in Händen hält."
Nachdenklich nagte Dalwigh an der Unterlippe. „Verzeiht. Aber die moderne Politik! Also, wenn ich ehrlich sprechen darf. Alles versteh ich nicht gleich."
Goltstein reckte die Hand und tippte leicht gegen das von Eisenhosen geschützte Knie des Aufrechten. „Gerade die Lösung dieses Problems, lieber Freund, lag doch auf der Hand. Herz und Ohr unseres Fürsten sind stets offen für die Geplagten. Er weiß um die manchmal verzwickte Lage eines Bauern. Da sät er Wicken und fürchtet die Tauben."
Ein Lächeln erhellte das Gesicht des Herrn Dalwigh von Unterbach. „Das weiß doch jeder. Kommen sie, dann kommen sie nicht; und kommen sie nicht, dann kommen sie."
„Eben." Graf Johann Ludwig von Goltstein rückte die goldene Amtskette zurecht. „Ganz ohne Frage, so einfach ist die Politik."

Die Schatzgräber von Schlehbusch

Ich bin nicht feig.
Aber mit der Hölle kämpf ich nicht.

Magdalena presste die Hand vor den Mund, bestürzt schüttelte sie immer wieder den Kopf. Ohne den Blick zu heben, stand Leonhard vor ihr. „Aber ich brauch das Geld", murmelte er und zerknautschte die rote Wollmütze zwischen den Händen, „sonst ist alles verloren."
Fünf Taler! Mehr besaß sie nicht. Die fünf Taler waren doch fürs Brautkleid und den Hausrat bestimmt! Im Frühjahr sollte die Hochzeit sein. Und vom Vater würde sie nichts bekommen. Als Lehrer und Küster von Schlehbusch verdiente er nicht genug, um seiner Tochter eine Aussteuer mit zugeben. Seit Monaten war Magdalena der Haushälterin des Pastors zur Hand gegangen. Sie hatte gewaschen, genäht und hatte jeden Stuber beiseite gelegt. „Das Ersparte, Leonhard, das ist doch für uns", sagte sie verzagt. Der kräftige Müllerbursche schabte die Fußspitze über den Boden. „Glaub mir, ich bring's ja zurück." Flehend sah er seine Braut an. „Gib's mir. Heute abend gewinn ich, und dann ist alles wieder gut."
„Wach auf, bitte! Dein Geld hast du schon verspielt. Jetzt noch meins, und dann ..." Mutlos ließ sie die Arme sinken. „Ach, Leonhard. Ich kenn mich nicht mehr aus. Und unser Glück? Zählt das denn gar nichts mehr für dich?"
„Sag so was nicht. Gerade deshalb komm ich doch her." Er wischte fahrig die Lippen und blickte zum Fenster. „Ich, ich hab jetzt keine Zeit. Sonst fangen sie ohne mich an. Der Fremde hat gesagt, dass er nur ein einziges Mal noch mit uns kartet. Nur heute. Und großzügig will dieser Herr Geiselbrecht sein. Jawohl. Damit wir unser Geld zurück gewinnen, will er doppelt setzen und wir brauchen nur einfach."

Jäh loderte Zorn in den Augen des Mädchens auf. „Großzügig! Rupfen wird er euch wie fette Hähne. Und morgen, am Heiligen Abend, haben wir keinen Heller mehr." In zwei Schritten stand Magdalena dicht vor ihm. „Dieser dürre, herausgeputzte Halunke! Woher kommt er denn so plötzlich? Was hat er denn hier bei uns im Dorf zu suchen?" Heftig sog sie den Atem ein. „Ja, merkst du denn nichts, Leonhard? Die andern sind mir gleich, die drei Bauern hocken sowieso jeden Abend beim Wirt. Feine Kumpanen hast du mit einem Mal! Vielleicht können sich's diese Schafsköpfe ja leisten, so viel zu verlieren. Aber du nicht. Dir zieht er das Fell ganz über die Ohren, und du nennst den Schuft auch noch großzügig." Magdalena starrte ihren Bräutigam an. Die Lippen zusammengepresst stülpte er die Wollmütze über den Kopf. Es war vergeblich. Für jedes vernünftige Wort waren seine Ohren taub.

Sie stampfte mit dem Fuß auf. „Oder ist es dieses Weibsstück? Seine Tochter." Der Gedanke allein schmerzte, ganz gleich, sie wusste, daß es nicht stimmte, und doch beschuldigte sie ihn: „Von ihr lässt du dir schöne Augen machen. Sag, ist es das? Ist dir deshalb unsre Zukunft plötzlich so gleichgültig?" Das Mädchen lachte bitter. „Du blinder Dummkopf."
Voll Ungeduld schlug Leonhard die Fäuste gegeneinander. „Sag so was nicht. Schluss jetzt. Borg mir das Geld, oder ich geh!"
Magdalena gab auf. Sie nahm ihr Erspartes aus der Truhe. Wortlos reichte sie ihm die Taler.
Schon an der Tür stockte der kräftige

Müllerbursche, langsam wandte er sich um. „Verzeih", bat er und versicherte: „Glaub mir, uns kann niemand trennen."
Sie schwieg.
Hilflos hob er die Achseln. „Ich weiß ja auch nicht, wie's gekommen ist."
Dieser Herr Geiselbrecht hatte ihn und die drei anderen zum Trinken eingeladen. Bier und viel Branntwein. Mit einem Mal hätten die Karten auf dem Tisch gelegen. „Erst ging es nur um ein paar Stuber. Aber dann hab ich mehr verloren. Verstehst du, ich darf jetzt nicht aufhören! Erst muss ich mein Geld zurückgewinnen." In seinen Augen flackerte erneut das Fieber. Er ließ die Münzen klimpern. „Damit schaff ich es. Ganz sicher. Wenn ich wiederkomm, ist alles gut."
Ohne Gruß stürmte er aus dem Haus.
Ihre Stirn an die Fensterscheibe gedrückt, sah ihm die Tochter des Lehrers nach, wie er durch den Schnee hinüber zum Gasthaus stapfte.
„Ach, Leonhard." Tränen rollten. Von ganzem Herzen gehörte sie ihm. „Und er liebt mich", daran glaubte das Mädchen fest.
Stets war er tüchtig und fleißig gewesen. Der alte Müller wollte ihm nächstes Jahr die Mühle überschreiben. Nichts hatte der Hochzeit noch im Wege gestanden.
Und jetzt? Seit dem vierten Adventssonntag, seit dieser Fremde mit seiner Tochter im Gasthof abgestiegen war, hatte sich ihr Leben plötzlich zum Schlimmen verändert.
Die schlanke Frau zog das Tuch enger um die Schulter. Es war nicht der Verlust des Geldes allein. Von diesem sauberen Pärchen drohte noch größeres Unglück, das spürte sie. Leonhard war keiner von diesen Gasthaushockern und schon gar kein Spieler. Er war in schlechte Gesellschaft geraten. „Du bist zu gutgläubig, Liebster. Das ist es." Magdalena seufzte schwer. „Auch wenn unser Geld weg ist. Ich hoffe nur, dass du heil zu mir zurückkommst." Sie wischte die Augen, doch die Tränen rollten weiter.

Ausdrücklich hatte der Fremde darauf bestanden, dass sie heute abend nicht in der Gaststube karteten, und für ein paar Stuber aus seiner eigenen Tasche war ihm vom Wirt das Hinterzimmer überlassen worden. „Keine lästigen Kiebitze. Meine Freunde, hier sind wir ungestört."

Mit eleganter Geste hatte Herr Geiselbrecht jedem Mitspieler den Platz am Tisch zugewiesen. Eine dürre Gestalt. Kleine flinke Augen glitzerten im spitzen Gesicht. Trotz einiger abgewetzter Stellen zeigten Schnitt und der weiche Fellkragen, dass der Rock irgendwann einmal vom besten Schneider angefertigt worden war.

„Trinkt nur. Heute bezahle ich. Meine liebe Tochter Amalie wird uns reichlich versorgen." Mit sich zufrieden hatte Herr Geiselbrecht die Warze über dem linken Mundwinkel gekratzt und die Kartenrunde eröffnet.

Allein das Glück blieb, genau wie an beiden Abenden zuvor, auf der Seite des Fremden.

Beklemmende Ruhe lastete im Raum. Es änderte nichts, dass Amalie immer wieder die Becher füllte, dabei sich weit vorbeugte, gurrte und einen tiefen Blick auf ihre vollen Brüste erlaubte. Mit jedem neuen Verlust wuchs die gefährliche Spannung. Leonhard trocknete den Schweiß von der Stirn. Heiß brannte der letzte Taler in seiner Hand. Auch vor den Schlehbuscher Bauern lagen nur noch wenige Münzen. Verbitterte Mienen. Mathias, Peter und Hannes stierten auf ihre magere Barschaft, stierten auf die fette Ernte, die der Gewinner zusammengerafft hatte.

„Noch ein letztes Spiel, meine Freunde." Leicht zog sich die Warze nach oben. „Ich lasse mich nicht lumpen. Zehn Taler von mir, und jeder von euch setzt das, was er noch hat!'

Dem Müllerburschen flimmerte es vor den Augen. Er sah das traurige Gesicht seiner Magdalena, hastig wischte er es weg und schob den Taler in die Mitte des Tisches. „Heiliger Nepomuk, jetzt hilf."

Der Fremde mischte, kaum vermochten die Blicke, seinem flinken Fingerspiel zu folgen. Schon hatte er ausgeteilt.

Leonhard nahm langsam eine Karte nach der anderen auf. Der Eichel-König lachte ihn an, als zweites der Herz-Obermann, doch dann waren es nur Zahlenbilder, die nicht einmal zusammen passten. Den Kumpanen schien es nicht besser zu ergehen. Mathias stöhnte, unruhig rückte Hannes auf seinem Stuhl, und Peter sog scharf den Atem ein.

Während sie ihre Karten ordneten, tänzelte Amalie um den Tisch. Aus den Augenwinkeln beobachtete der Vater seine Tochter. Unbemerkt von den Männern legte sie mal zwei Finger auf ihren Busen, mal vier, im Rücken des dritten Spielers schloss sie kurz die Hand, und hinter Leonhard ließ sie nur einen Finger über die Brüste streichen.

Schellen-Ober und Schellen-Zehn verloren gegen das Schellen-Daus. Der Eichel-König wurde vom Eichel-Daus gestochen. Auch bei den übrigen Farben, bei Blatt und Herz, trumpfte Geiselbrecht mit der höchsten Karte. Schnell war das Spiel zu Ende. Wieder hatte dieser dürre, herausgeputzte Halunke gewonnen. Leonhard stützte verzweifelt den Kopf in beide Hände. „Du Satan!" brüllte Hannes, wild sprang er auf und packte seinen Schemel. Zur gleichen Zeit hatten Mathias und Peter ihre Messer gezückt. „So kommst du uns nicht davon." Hannes schwang den Hocker hoch über dem Kopf.

„Aber Freunde." Gelassen nippte Herr Geiselbrecht am Bierkrug. „Seht mal hinter euch."

Die Bauern wandten sich um. Amalie stand lächelnd da und zielte mit einer doppelläufigen Pistole in die zornroten Gesichter „Nun setzt euch wieder", gurrte sie, „und hört euch an, was mein Vater zu sagen hat."

Zögernd, nur widerwillig gehorchten die drei. Als Mathias und Peter endlich die Dolche wegsteckten, stieß der Müllerbursche erleichtert den Atem aus. Nur keinen Mord, das Unglück war groß genug, nicht jetzt auch noch einen Mord.

Ohne die Männer zu beachten, baute Herr Geiselbrecht vier kleine, gleichhohe Talertürme vor sich auf. Erst nachdem er den übrigen großen Rest in seine Rocktaschen geräumt hatte, lächelte er in die Runde. „Hier liegt ein Drittel von dem, was ihr verloren habt. Ihr könnt es euch verdienen, wenn ..." Er schwieg und dehnte die Pause.

„Ja!" platzte Leonhard heraus. Sein Blick klammerte sich an einen der Türme. Taler, sogar mehr als er sich von Magdalena geborgt hatte! Ja, alles wollte er tun, wenn er dafür etwas von dem Ersparten zurückbekäme.
Zorn und Hoffnung stritten in den Augen der Bauern. Schließlich rückten sie näher und stemmten die Arme auf den Tisch. „Ich danke euch, meine Freunde", begann der Fremde beinah feierlich. „In einer halben Stunde werdet ihr froh sein, dass ihr hier mit mir zusammen sein dürft. Doch ehe ich das Geheimnis lüfte, möchte ich mich zu erkennen geben." Seine Fingerspitzen spielen im Pelzkragen. „Mein vollständiger Name lautet: Maximilian Geiselbrecht!"
Ratloses Schweigen.
„Nun ja." Über dem Mundwinkel zuckte die Warze. „In meiner Heimat, im fernen Bayern, auch in den großen Städten des Nordens kennt man mich als den berühmten Schatzheber Maximilian Geiselbrecht. Selbst in Düsseldorf, Wipperfürth oder Elberfeld. Doch lassen wir das." Er senkte die Stimme. „Nicht ohne Grund sind meine Tochter und ich hier in Schlehbusch abgestiegen." Fingerschnalzen. Sofort brachte ihm Amalie ein kleines Buch. Bedeutungsvoll hob er den Finger. „Hier drinnen habe ich alles zusammengetragen. Vor mir kann sich kein Schatz verbergen. Ich kenne Orte und Lage, selbstverständlich das Jahr und den genauen Tag, wann zum letzten Mal versucht wurde, ihn zu heben." Leonhard spürte, wie sich sein Magen verkrampfte. Er schluckte heftig, stammelte: „Alkerode. Drüben im Wald von Alkerode, da ..." „Sehr richtig." Herr Geiselbrecht leckte den Finger, blätterte und strich eine Seite glatt.
Ehe er weitersprechen konnte, hatten auch die Bauern begriffen. „Da mach ich nicht mit." Entsetzt wichen sie zurück. „Wer das wagt, steht mit einem Bein schon im Grab." Ihre Gesichter erbleichten. „Das hat noch niemand geschafft." „Weil bisher nur Tölpel und unwissende Laien ans Werk gegangen sind", rief der Schatzheber voller Leidenschaft. „Aber hier seht ihr einen Fachmann vor euch!" Leonhard sprang auf. „Ich bin nicht feig, aber mit der Hölle kämpf ich nicht." Er stülpte die Mütze über den Kopf und wollte gehen. Doch Amalie lehnte mit dem Rücken an der Tür, die Pistole zielte auf das Herz des Müllerburschen.

„Setz dich."

Mühsam beherrscht wartete Herr Geiselbrecht, bis Leonhard wieder am Tisch hockte. „Ihr habt Geld verloren, mehr als ihr es euch leisten könnt", zischte er. „Ist das richtig?"

Jeder starrte schuldbewusst vor sich hin.

„Was werden wohl eure Frauen dazu sagen?"

Die Bauern zogen die Köpfe ein. Leonhard dachte an Magdalena und presste die Lippen aufeinander.

In dem spitzen Gesicht glitzerten die kleinen Augen. „Und für ein paar Stunden Arbeit biete ich euch nicht nur einen guten Lohn, sondern Reichtümer, wie ihr sie noch nie gesehen habt. Entscheidet euch!"

Es blieb ihnen keine Wahl. Mathias, Peter und Hannes, auch Leonhard waren einverstanden.

„Ein kluger Entschluss." Beide Hände legte Maximilian Geiselbrecht auf die Tischplatte. „Also abgemacht. Morgen in der Christnacht werden wir den Schatz von Alkerode heben."

Er tätschelte liebevoll das kleines Buch. Am Heiligen Abend vor sieben Jahren war der letzte Versuch gescheitert. „Weil diese tolpatschigen Dummköpfe nicht alle Regeln genau befolgt haben." Damals war der schwere Geldkessel wieder tief in der Erde versunken. Und morgen, so gegen Mitternacht, würde er für kurze Zeit wieder emporsteigen. „Das Schatzfeuer zeigt uns genau die Stelle." Er lächelte triumphierend. „Wir werden nicht tief graben müssen. Das weiß ich aus langer Erfahrung. Ja, Maximilian Geiselbrecht kennt sich in diesem Geschäft bestens aus!"

Totenschädel, genügend Knochen, das Christoffelbuch mit den Beschwörungsformeln, geweihte Kerzen und das Kreuz, die notwendige Ausrüstung habe er im Gepäck, sogar ein Weihrauchfass, das er aus einer Kirche gestohlen hatte. „Jeder von euch bringt Hacke und Spaten mit. Und vergesst die Stricke und den Hebebalken nicht." Er runzelte die Stirn. „Aber keine Laternen. Es wird schon hell genug werden, das schwöre ich. Schlag zwölf Uhr erwarte ich euch drüben am Waldrand."

Scharf blickte Geiselbrecht von einem zum anderen. „Und kein Wort. Zu niemandem! Kein einziges Wort. Habt ihr verstanden?" Nicht alles, doch genug. Benommen nickten die Bauern.
Leonhard zögerte, seine Angst trieb ihn zu einer kühnen List. Er zeigte auf die vier Talertürme. „Und den Lohn? Den zahlst du uns doch sofort."
Die Warze über dem Mundwinkel zuckte. „Nein, mein Freund", sagte der berühmte Schatzheber gefährlich sanft, „für wie dumm hältst du mich? Erst an Ort und Stelle. Erst bevor wir ans Werk gehen, bekommt ihr den Lohn."
Jetzt hatte auch der kräftige Müllerbursche verstanden. Ob er wollte oder nicht, er musste mit in den Alkeroder Wald.

Magdalena wartete den Vormittag über. Es schneite. Sie wartete am Nachmittag. Längst war der Vater drüben in der Kirche und probte mit den Kindern noch einmal alle Weihnachtslieder, die während der Gottesdienstfeier gesungen werden sollten.
„Was ist nur geschehen?" Bis zum Glockenläuten hoffte Magdalena noch, dass Leonhard an der Tür klopfte. Vergeblich. Das Herz wurde ihr schwer. Sie schlang das Wolltuch um und ging allein zur Christmette. Es hatte aufgehört zu schneien.

Die Nacht war eisig. Sterne glitzerten am Himmel. Nacheinander erreichten erst die Bauern, zuletzt der Müllerbursche den Treffpunkt. Schweigen. Schneekälte kroch in die Glieder. Von Schlehbusch tönte die Glocke herüber.
Kaum war der zwölfte Schlag verklungen, als sich eine Gestalt aus dem Dunkel des Waldes löste. Schritte knirschten. „Gott sei Dank. Ihr seid pünktlich." Atemlos setzte der Schatzheber den Sack mit der Ausrüstung ab. „Ich habe die richtige Stelle gefunden. Die Zeit drängt. Das Geldfeuer schmilzt bereits den Schnee." Er stemmte seine Hände in die Seiten und schärfte den Helfern die wichtigsten Regeln ein. Bei der Arbeit durfte weder gesprochen noch gelacht werden. Selbst ein einziges Niesen, und der Schatz wäre verloren. „Ich werde räuchern und laut die nötigen Gebete sprechen. Kein Wort sonst wird

über meine Lippen kommen. Ihr grabt und grabt. Was auch um uns herum geschieht, lasst euch von den Mächten der Finsternis nicht verwirren. Habt ihr verstanden?"

Kaum war das gemurmelte „Ja" zu verstehen.

„Also seid tapfer, Freunde." Entschlossen packte er den Sack und legte sich die Stricke um den Hals." Ans Werk. Morgen früh sind wir reich." Damit stapfte er voran. Hannes schulterte den Hebebaum, Peter, Mathias und Leonhard die Werkzeuge. Ihr dürrer Führer kannte den Weg. Kein Nachtvogel schrie in den kahlen Wipfeln, kein Tier schreckte vor ihnen auf. Der Wald schwieg.

Nach einer Stunde blieb Maximilian Geiselbrecht stehen und zeigte nach vorn. „Da. Wir sind am Ziel."

Drei mächtige Eichen umstanden eine kleine Lichtung. Genau in der Mitte flackerte, züngelte das bläuliche Geldfeuer. In seinem Umkreis war aller Schnee geschmolzen. Der Schatzheber befahl den Männern, bei einer der Eichen zu warten. Er selbst näherte sich der Flamme und öffnete den Sack. Sorgfältig ordnete er alle Gegenstände seiner Ausrüstung auf dem getauten, schwarzen Waldboden. Er entzündete eine geweihte Kerze am Geldfeuer und pflanzte sie auf den Totenschädel. Jetzt nahm er das Kreuz. Ohne abzusetzen furchte er einen weiten Bogen um den modrig riechenden Platz, dabei murmelte er den Bannsegen.

Leonhard hielt den Atem an. Nicht genug! Mit einem Bündel Menschenrippen im Arm schritt der dürre Mann den Kreis ab und steckte in genauen Abständen einen Knochen in die Furche. Weißlichblau schimmerte das spitze Gesicht im Widerschein der Flamme. „Kommt jetzt. Ich bin soweit", rief er halblaut den Gehilfen zu.

Zitternd verließen sie den Schutz der Eiche und tappten in die Lichtung. Vor dem Bannkreis hielt Herr Geiselbrecht sie zurück. „Wir werden gemeinsam hineingehen. Sobald wir drinnen sind, gilt es. Schweigt und arbeitet. Bis wir es geschafft haben, darf keiner auch nur einen Fußbreit aus dem Kreis hinaustreten. Sonst ist er unrettbar verloren." Er lächelte grimmig und zeigte auf den Rip-

penzaun. „Seht ihr die Zettel an den Knochen? 'Das Blut Jesu Christi' steht auf jedem geschrieben. Also fürchtet euch nicht. Ich hab an alles gedacht."
Leonhard schluckte, schluckte wieder, bevor seine Stimme gehorchte: „Was, was ist mit unserm Lohn?"
Heftig zuckte die Warze über dem Mundwinkel des Schatzhebers. „Die Taler warten auf euch im Gasthaus. Erst wird gegraben." In schnellen Schritten stand er hinter ihren Rücken. Ehe die Männer begriffen, stieß er sie über die Furche in den Kreis und folgte ihnen sofort.
Das Geldfeuer erlosch. Dennoch blieb der Platz in seltsam blasses Licht getaucht. Es gab kein Zurück mehr. Um die Schatzgräber herum war der Bann geschlossen. Stumm deutete der dürre Anführer zur Mitte. Seine Helfer hatten verstanden. Zugleich stachen sie ihre Spaten in die weiche Erde.
Maximilian Geiselbrecht entzündete den Weihrauch, ließ das Fass hin- und herschwingen, so stellte er sich aufrecht neben die geweihte Kerze. „Geldkessel! Ich rufe und beschwöre dich durch den heiligen Christophorus, deinen Gebieter und aller guten und bösen Geister, den Meister der verborgenen Schätze ..." und drängend hallte seine Stimme über die kahle Lichtung.
„Geldkessel! Ich rufe und beschwöre dich ..."
Die Schatzgräber kamen gut voran. Schon waren sie zwei Fuß tief ins Erdreich eingedrungen. Geschnatter. Räder quietschten.
Verblüfft hielten die Männer inne und blickten sich um.
Ein Heuwagen rumpelte quer über die Lichtung, gezogen von sechs schnatternden Gänsen. Dicht vor dem gesegneten Kreis flatterten sie auf und flogen mitsamt dem Karren davon.
Leonhard grinste, ehe er loslachte, besann er sich rechtzeitig und presste die Hand vor den Mund. Wenn's nur das ist, überlegte er, das halt ich aus. Stumm nickte der Müllerbursche den Kumpanen zu. Sie gruben weiter, bald stießen sie auf Stein und nahmen die Hacken zur Hilfe.
„O heiliger Christophorus, wir bitten dich. Gib uns eine große Summe Geld, so er in der Tiefe des Meeres oder in der Erden verborgen liegt ..."

Jäh kam Sturm auf, er ließ die Äste der Eichen ächzen. Eisiger Wind biss den Schatzgräbern ins Gesicht, dass ihnen die Tränen auf den Wangen gefroren. Das Brausen und Heulen brach ab.

Erleichtert schob der Müllerbursche die Wollmütze aus der Stirn, blickte auf und erstarrte. Auch den Bauern stockte der Atem.

Rund um den Bannkreis tänzelten Pferde. Sie hatten keine Köpfe. Aus ihren blutigen Hälsen schoben sich riesige Schlangen. Ohne den Boden zu berühren, durch die Luft glitten die glänzenden Leiber auf die Entsetzten zu. Dicht vor ihren Gesichtern rissen die furchtbaren Ottern gleichzeitig den Rachen auf, züngelten, schnappten mit gelblichen Giftzähnen nach den Opfern. Verzweifelt warfen sich die Tapferen in die Grube.

Nichts geschah. Vorsichtig hob Leonhard den Kopf. Die Ungeheuer waren verschwunden. Tief aufatmend griffen die vier wieder zu den Hacken. Schneller arbeiteten sie.

„O heiliger Christophorus. Wir verschreiben dir auch unseren Leib ..." ohne Unterlass betete der Schatzheber die Beschwörungsformeln, „wir verschreiben dir unsere Seele."

Lautes Hämmern. Drei Henker errichteten einen Galgen. Mit dem Strick in der Hand traten sie an den Bannkreis. „Wen nehmen wir?" Sie palaverten und lachten.

Blanke Angst trieb das Herz der Schatzgräber.

„Na, den Kerl da, den mit der roten Wollmütze."

Sofort ließ Leonhard die Hacke fallen, schon war er aus der Grube und wollte davonrennen. Du darfst nicht hinaus, hämmerte es in seinem Kopf. Dicht vor dem Rippenzaun hatte er die Angst bezwungen, rechtzeitig blieb er stehen. Im selben Moment lösten sich Galgen und Henker auf.

Keuchend kehrte der Müllerbursche zurück. Ehe er in das Loch springen konnte, stieß eine Hackenspitze gegen Metall. Die Bauern warfen das Werkzeug zur Seite. Mit den Händen wühlten sie weiter. Matt schimmerte ein silberner Deckel. Bald hatten sie den großen Kessel freigelegt. Ohne ein Wort zu sprechen, fielen sich die drei in die Arme, tanzten. Sie hatten den Schatz gefunden!

„Sieh dann, o heiliger Christophorus ..." Zornig rollte der Schatzheber die Augen. „Sieh dann, o heiliger Christophorus ..." wiederholte er immer wieder, schwenkte das Rauchfass wild hin und her, mit der freien Hand zeigte er auf den Hebebaum.

Endlich hatte der Müllerbursche begriffen. Er schaffte den Balken und die Stricke zur Grube. Inzwischen waren die Bauern auf die Knie gefallen. Leicht hoben sie den Deckel an. Gleißend blinkten Goldstücke und Edelsteine. Sofort verschlossen sie wieder den Kessel. Gegenseitig hielten sie sich die Münder zu, um ihre Freude nicht hinauszuschreien.

Für einen Augenblick stolperten die Beschwörungsworte, Maximilian Geiselbrecht hatte das Blitzen und Funkeln gesehen. Dann fasste er sich wieder. Lauter noch als zuvor rief er den Herrn aller verborgenen Reichtümer an. „Wir schenken dir einen unsterblichen Schatz, unsere Seele. Beschenke du uns hingegen mit einem Schatz aus Gold."

Seine Gehilfen hatten den Hebebaum durch den Henkel geschoben, die Schlingen festgezurrt, zu zweit standen sie sich oben am Rand des Loches gegenüber und packten die Stricke. Der Kessel nickte. Feuer! Markerschütternde Schreie von gequälten Kindern, Frauen und Männern. Die Lichtung stand in Flammen. Schluchzen, Wehklagen und Jammern!

Die Schatzgräber ließen sich nicht ablenken. Langsam schwankte der Kessel nach oben.

Gepolter! Dröhnender noch als der Höllenlärm!

Maximilian Geiselbrecht warf den Kopf zurück, kaum gelang es ihm weiterzusprechen.

Gewaltige Mühlsteine treiselten an dünnen Schnüren direkt über ihm, schlugen gegeneinander! Drachenvögel umflatterten sie. In ihren Krallen blitzten Schwerter. Jetzt wetzten sie die Klingen an den Fäden auf und ab.

„O heiliger Christophorus. Gib uns Geld, Silber und Gold, damit wir die immerwährende Anbetung Jesu ..." Stimme krächzte, brach, krächzte weiter, „im Aller-

heiligsten Altarsakrament ... zu des Allerhöchsten Lob und Ehre, ... und Heil unseres Nächsten bewerkstelligen können."
Die Drachenvögel zerplatzten, die Mühlsteine lösten sich auf, das Feuer erlosch. Stille.
Befreit blickte Maximilian Geiselbrecht zur Grube. Seine Helfer hatten den Henkel gepackt und zogen den Schatz zum Rand. Er wischte den Schweiß von der Stirn. „Gott sei Dank!" rief er aus tiefstem Herzen. Er schlug sich auf den Mund. Es war zu spät.
Der Schatz fiel den Männern aus der Hand, stürzte, unten im Loch öffnete sich die Erde und verschlang den Kessel.
Hilflos mussten die Bauern und Leonhard zusehen, wie die mühsam herausgeworfenen Steine und Klumpen nach rutschten. Bald war die Grube wieder ganz gefüllt.
Erst nach einer Weile löste sich der Schreck in den Gliedern. Die Männer wandten sich um.
Herr Geiselbrecht hatte bereits die Rippenknochen eingesammelt, hatte Kerze und Weihrauch gelöscht, als letztes stopfte er gerade den Totenschädel in seinen Ausrüstungssack. „Schade, Freunde", sagte er heiser. „Die Mächte der Finsternis waren stärker als wir. Schade."
Mit geballten Fäusten stampften die Gehilfen auf ihn zu. „Du! Du hast alles verdorben."
Furchtlos sah der dürre Mann ihnen entgegen. „Friede, meine Freunde. Friede. Es ist schließlich Weihnachten. Wenn ihr euren wohlverdienten Lohn haben wollt, dann müsst ihr mich unbeschadet nach Schlehbusch zurückbringen. Erst wenn ich mit meiner Amalie in der Kutsche sitze, werde ich bezahlen."
„Halunke", brummte Leonhard. Die Bauern ließen müde die Achseln sinken. Ja, an alles, auch an seine Sicherheit hatte dieser Schuft gedacht.

Beim Morgengrauen erreichten die Schatzgräber das Gasthaus. Amalie war bereits reisefertig. Kurz sah sie ihren Vater an. „Hattest du wieder Pech?"

Er gab keine Antwort, seine Finger strichen leicht über den Pelzkragen.
„Gräm dich nicht, Papa", gurrte sie, „du weißt doch, beim Kartenspiel hast du mehr Glück."
Wortlos umstellten die Bauern den Wagen. Hannes hielt das Pferd. Peter und Mathias stemmten die Spatenstiele in die Radspeichen. Leonhard stand neben der Kutschbank und streckte seine Hand aus. „Vertraut ihr mir nicht?" Über dem linken Mundwinkel zuckte die Warze. „Her mit unserm Lohn." Amalie ließ ihre Finger unter das Tuch gleiten. Sanft schüttelte der Vater den Kopf. „Lass nur, Kind. Sie haben sich redlich abgemüht."
Er zählte dem Müllerburschen viermal zehn Taler hin. „Du siehst, auf Maximilian Geiselbrecht ist Verlass." In dem spitzen Gesicht glitzerten wieder die kleinen Augen. „Du musst zugeben, beinah hätten wir es geschafft."
Lächelnd griff er die Zügel. „Amalie. Wo liegt der nächste Schatz?"
„Bei Rösrath. So steht es in deinem Buch."
„Also ans Werk." Er schnalzte mit der Zunge. Das Pferd trottete los. Räder knirschten im Schnee. Bevor die Kutsche den Fahrweg erreicht hatte, drehte sich der berühmte Schatzheber noch einmal zu seinen Gehilfen um. „In sieben Jahren komme ich wieder. Erst karten wir, und dann heben wir den Schatz bei Alkerode!"

Ohne Abschied verließ der Müllerbursche seine Kumpanen.
'Nie mehr wollte er ... nie mehr würde er ... Mit festen Vorsätzen stand er vor dem Lehrerhaus und nahm seine rote Wollmütze ab. Ehe er klopfen konnte, öffnete Magdalena die Tür. „Da bist du endlich." Sie drückte ihn an sich. „Gott sei Dank!" seufzte sie.
Erschreckt blickte Leonhard über die Schulter zurück. Nein. Kein Höllengeschrei. Keine Spielkarten. Kein Geldkessel kippte um. Es war vorbei. Nichts konnte mehr geschehen.
Er schlang die Arme um seine Braut. „Ja, Magdalena. Gott sei Dank."

Der Spielkäffer vom Bergischen Land

Fort mit allen Tieren,
die keine Knochen haben.

Noch in der Dunkelheit der Walpurgisnacht war die Magd von Steinbüchel aufgebrochen, und beim zögernden Morgengrauen des 1. Mai erreichte sie den Weiler Birkenhahnenberg. Gleich neben dem Bauernhof pochte sie an die Tür eines halb verfallenen Hauses.
Sofort öffnete der Spielkäffer. Warnend legte er den Finger auf die Lippen. Seine Besucherin verstand und schwieg.
Jedes Sprechen würde den Zauber von vornherein zerstören.
Der Alte trat rasch ins Freie, warf das geschnürte Reisebündel achtlos in die Wiese, seinen Geigenkasten hielt er fest unter dem linken Arm geklemmt. Eine große, sehnige Gestalt. Brennende, helle Augen über hohlen Wangenknochen, eine scharf geschnittene Nase, nur die vollen Lippen wollten nicht recht zu dem hageren Gesicht passen. – Kurz blickte der Spielkäffer nach Osten. Erst ein rötlicher Streifen schimmerte am Horizont, also genau der richtige Zeitpunkt. Er gab der Magd das Zeichen.
Sie schüttelte den Kopf und rieb fordernd Zeigefinger und Daumen. Er verengte die Brauen, mit einem Seufzer nestelte er drei Stuber aus dem bunten Flickwams und zeigte sie.
Die Magd war zufrieden. Ohne Scheu streifte sie den Kittel über ihren Kopf und zog die Schuhe aus, sie griff nach dem bereit gestellten, neuen Reisigbesen, wieder verständigten sich beide nur durch Blicke, und nackt betrat sie die Stube.
Als drinnen das kräftige Schaben des Besens einsetzte, dehnte sich der Fiedler hoffnungsvoll in der frischen Morgenluft. Diesmal musste es wirken.
Jäh verzog er das Gesicht. Seine Hand schnellte zum Kopf, wühlte, suchte in der ungebändigten, weißen Haarmähne, er schlug sich den Nacken, seine Finger

fuhren ins bunte Wams und kratzten heftig die Brust. Am ganzen Körper verspürte er jetzt wieder die Bisse. Gepeinigt setzte er den Geigenkasten ab. Diese Wanzen, Läuse und Flöhe! Dieses blutgierige Geziefer!
Nicht fluchen, du darfst jetzt nicht fluchen, befahl sich der Spielkäffer. Er presste die Lippen aufeinander. Stumm und verbissen bekämpfte er mit beiden Händen das elende Hautjucken.
Am Horizont glühte bereits der Himmel. Wo blieb die Magd? In kurzen Schritten stakste der Spielmann auf und ab. Jede Minute zählte. Endlich. Aus dem Innern der Stube näherte sich die junge Frau fegend der offenen Tür. Mit dem Reisigbesen trieb sie den Unrat vor sich her. Der hagere Geiger sprang näher, gab ihr Zeichen. Die Magd beachtete ihn nicht.
Sorgsam häufelte sie den Dreck draußen vor der Türschwelle. Jetzt bückte sie sich, schippte den Kehricht und richtete sich mit der Schaufel in der Hand auf. Fragend sah sie ihren Auftraggeber an. Der Spielkäffer griff ihre Schulter, schob und führte die Nackte hastig bis zum niedrigen Zaun. Sein lang gestreckter Finger deutete auf den Misthaufen des Nachbarn.
Ohne die Schippe aus den Augen zu lassen, stieg sie über die hölzerne Abgrenzung. Weiß schimmerte ihre Haut. Vom Bauernhaus her setzte das Knurren des Hofhunds ein, wurde drohender. Feuergelb lohte der Horizont im Osten. Die Magd kletterte hoch auf den Mist, lud den Kehricht ab, sprang hinunter und rannte.
Kaum war sie über den Zaun gesprungen, als die Sonne sich in den Tag schob. Beim Anblick der ersten Strahlen umarmte Spielkäffer die junge Frau. „Das war zur rechten Zeit, Mädchen!"
Was kümmerte es ihn, dass der Hahn krähte, der Hund anschlug. Er drehte seine Retterin einmal im Kreis und tänzelte mit ihr galant über die Wiese zurück. „Dieser Abwehrzauber wirkt. Wir haben sie verjagt."
Vor dem halbverfallenen Haus ballte der Fiedler beide Fäuste. „Fort mit allen Tieren, die keine Knochen haben!" und vollführte seltsame Sprünge.
Schnell war die Nackte wieder in Kittel und Schuhe geschlüpft. Sie zupfte den

alten Mann am bunten Wams und streckte ihm die geöffnete Hand hin. Erst nachdem sie die drei Münzen sicher in der Tasche verwahrt hatte, fragte sie: „Und du glaubst wirklich, dass das gegen die Beißer hilft?"
Der Spielkäffer blieb stehen, raufte sich das wilde, weiße Haar und runzelte die Brauen. „Es muss. Sonst ..."
Ängstlich zuckte sie die Achseln. „Aber ich hab alles so gemacht, wie du's gesagt hast. Meinen Lohn hab ich redlich verdient, auch wenn's vielleicht doch nicht .
„Schweig!" fuhr der Fiedler auf, sofort lächelte er wieder. „Kümmer dich nicht drum. Das Geld will ich nicht zurück. Geh nur heim, Mädchen."
Sie lief davon. Lange sah ihr der Spielkäffer nach. „Es muss wirken." Seine Finger glitten ins Wams und kratzten. „Sonst weiß ich kein Mittel mehr gegen diese verdammten Biester."
In dem schmalen, niedrigen Haus hatten schon der Vater, der Großvater und dessen Vater gewohnt. Wie's auch gekommen sein mochte, immer schon hausten Wanzen, Läuse und Flöhe mit in der Stube. Solange das kriechende und hüpfende Volk bescheiden war, hatte es niemanden gestört. Doch seit der hagere Geiger hier alleine lebte, war das Geziefer von Jahr zu Jahr übermütiger geworden. Zog er fiedelnd von Ort zu Ort, dann halfen am eigenen Leib etwas Wermutsaft, auch Fuchs- oder Igel- schmalz. Doch kaum war er zurückgekehrt, da überfielen sie ihn hungriger als je zuvor. Was hatte er nicht alles versucht,

um die beißenden Gäste zu vertreiben: Mit dem Hammer auf den Boden, gegen die Wände und Decke schlagen. Geweihte Palmenwedel. Er hatte eine Handvoll Läuse gefangen, sie ins Flintenrohr gestopft und die Ladung durch den Schornstein geschossen.

„Aber heute! Heut hab ich's geschafft!" Der Spielkäffer lächelte grimmig. Für zehn Stuber hatte ihm eine Alte letzte Woche in Monheim den wirksamsten Zauber verraten. Und kein Fehler war ihm unterlaufen.

„Weg sind sie. Nicht gleich, aber bald. Ganz sicher im August." Siegesgewiss öffnete der Spielmann den Holzkasten, spannte den Bogen und setzte die Geige an. Sein Kopf neigte sich zum Steg. Der erste Strich lockte einen dunklen Ton, die schlanken Finger pressten die Saiten, Töne kletterten die Leiter hinauf und hinunter. Leicht öffnete er die vollen Lippen und wippte den Fuß. Seine Melodie riss ihn mit, und fiedelnd tanzte er über die Wiese.

Es gab kaum ein Fest von Düsseldorf bis Wipperfürth, von Overath bis Elberfeld, zu dem der berühmte Musikant aus Birkenhahnenberg nicht geladen wurde. Ob Kirchweih, Bauernhochzeit oder Schützenfest, erst sein Spiel vertrieb den Alltag. Die vornehmen Junker luden den Alten auf ihre Schlösser. Und wenn er den Reigen anführte, fuhr seine Melodie ins Bein, dann fand selbst der ungeschickteste Tänzer den richtigen Takt.

Das Leben war gut! Keine Geldsorgen, stets ein gedeckter Tisch, dazu Wein und Bier, mehr noch als er für seinen großen Durst benötigte. Spielkäffer setzte den Bogen ab.

Ja, das Leben könnte schön sein. Er starrte zum Haus hinüber, seine hellen Augen brannten. „Wenn ich zurück bin. Dann sind die Biester verschwunden. Sonst ..."

Er schwieg, legte die Geige zurück in den Holzkasten, nahm das Reisebündel und brach auf.

Liegt nicht so träg da rum.
Auf! Ihr Faulenzer!
Jetzt spiel ich euch den Hupf!

Im Juni hatte der Fiedler in Overath gespielt. Drei ausgelassene Tage, kaum Schlaf, dafür gutes Essen und Wein, viel Wein. Am späten Nachmittag ließen ihn die Gäste endlich ziehen. Eilig machte er sich auf den Weg nach Bensberg. Zum nächsten Fest. Er wurde erwartet. Der Schmied feierte Hochzeit.
„Wenn ich schnell geh, schaff ich es."
Doch Kopf und Beine waren zu schwer, und erst spät in der Nacht sah er den Bensberg vor sich. Das Mondlicht lag über den Dächern. „Nicht mehr weit. Wenn ich abkürze, dann schaff ich es noch", murmelte der Spielkäffer, verließ die Straße und torkelte zwischen Bäumen und Sträuchern hindurch, den Blick fest nach oben auf die dunklen Häuser gerichtet.
Eine Mauer versperrte ihm den Weg. Nein, er wollte nicht ausweichen. Trotz Reisebündel und Geigenkasten überwand er das Hindernis. Der alte Mann rieb die Stirn, im fahlen Licht erkannte er Kreuze und behauene Steine.
Da schlug die Glocke vom Kirchturm. Laut zählte er die Schläge. „Mitternacht. Schad, jetzt schaff ich's doch nicht."
Er überlegte nicht lange. „Was soll's." Ein Friedhof war ihm gerade recht, ein gutes, stilles Plätzchen für die müden Knochen. Zufrieden ließ er sich auf einem Grab nieder und lehnte den Rücken ans Kreuz.
Kein Vogel sang, kein Windhauch raschelte in den Blättern der Bäume. „So still muss es auch nicht sein, selbst nicht auf einem Totenacker." Damit öffnete er den Geigenkasten. Kaum hielt er Bogen und Fiedel in den Händen, als alle Erschöpfung und trunkene Benommenheit von ihm abfielen. Das Brennen kehrte in die hellen Augen zurück. Auch wenn er die Hochzeit verpasst hatte, der Spielkäffer geigt zum Tanz auf, ganz gleich an welchem Ort!
Zum Einstimmen lockte er den dunklen Ton, fest strich er den Bogen, und schnell liefen Töne die Leiter hinauf und hinunter. Er setzte ab.
„Bursche auf! Mädel auf!" lachte er. „Liegt nicht so träg da rum. Auf! Ihr Faulen-

zer. Jetzt spiel ich euch den Hupf."

Sein Kopf neigte sich über den Steg, zwei Saiten strich er zugleich, und dann ließ er die Tanzmelodie über den Friedhof jubilieren, sein Fuß wippte den Takt. Da rollte der Stein vom Nachbargrab. Die Erde brach auf, und eine knochige Gestalt entstieg der Gruft. Weißlich schimmerte das Gebein. Hier und dort, dann überall auf dem Kirchhof polterten Steine und Grabplatten zur Seite. Gerippe schlenkerten die Glieder, schwebten aufeinander zu, wiegten und drehten sich im Kreis.

„So ist's recht!" schrie der hagere Spielmann, und schneller strich und zupfte er die Saiten. Seine wilde Musik fuhr den Toten in die bleichen Knochen. Schädel wackelten im Rhythmus hin und her, schlugen dumpf gegeneinander. Paarweise hüpften sie bis hinauf zu den Ästen der Bäume, überkugelten sich drei-, viermal in der Luft, ehe sie wieder zu Boden sanken.

„Das nenn ich einen Tanz!" Der Fiedler spielte und lachte und spielte. Erst als sein Arm erlahmte, setzte er den Bogen ab. „Jetzt ist's genug."

Nur für einen Augenblick hielt die gerippige Gesellschaft inne. Alle Schädel wandten sich um. Große schwarze Augenhöhlen. Mit erhobenen Armknochen schritten die Skelette auf den Geiger zu.

Seufzend kratzte Spielkäffer in seiner Haarmähne. „Schon gut. Schon gut. Also zurück auf die Plätze. Es geht weiter." Er schwang den Bogen und ließ ihn wieder über die Saiten tanzen.

Auch wenn da und dort ein Becken knackte, ein Schienbein brach, die Gerippe schienen keine Müdigkeit zu kennen, sie sprangen und tollten über ihre Gräber hinweg, hakten sich unter und hüpften im Kreis.

Da schlug es eins vom Turm. Ehe der Ton verklang, waren die Skelette in der Erde versunken. Steine rollten auf ihren Platz. Die Kreuze richteten sich wieder auf. Stille. Der Spielkäffer schlief, seine Geige noch unter dem Kinn.

Erst beim Morgenläuten wachte er auf. Langsam gelang es ihm, die Gedanken im dumpfen Kopf zu ordnen. Ja, er war von Overath gekommen. Wie er auf den Bensberger Totenacker gelangt war, wusste er nicht mehr. „Hatte doch zuviel

Wein." Das genügte ihm als Erklärung.
Sorgsam legte er Bogen und Fiedel zurück in den Holzkasten. Er rappelte sich hoch, ausgiebig dehnte er die steifen Glieder. Am Friedhofstor stockte der Alte und wandte sich noch einmal um. Alles war an seinem Platz! „Nein, schon gut", brummte er. „Hatte nur zuviel Wein." Diese Erklärung musste genügen.

So etwas kennt man in meinen Kreisen nicht.

Im Juli hatte sich der Spielkäffer nach dem Kirchweihfest in Dünnwald vom Pastor Pferd und Wagen ausgeborgt. „Fürchtest du dich nicht, noch so spät am Abend loszufahren?" Der fromme Mann legte die Stirn in Falten. „Bedenke, du musst über die Iddelsfelder Hardt."
„Ach was, Herr Pastor." Musik und Wein tanzten im Kopf des Künstlers vergnügt miteinander, leichtfüßig schwang er sich auf die Kutschbank. „Wer etwas von mir will, dem spiel ich auf. Entweder damit", er tätschelte den Geigenkasten, „oder wenn's sein muss auch damit." Er legte die geladene Flinte quer über die Knie und streichelte den Lauf, dabei blitzten die hellen Augen über den Wangenknochen. „Morgen früh muss ich in Siegburg sein. Rechtzeitig. Ohne mich wollen die Schützen ihr Fest nicht beginnen." Gerade reckte der hagere Musikant den sehnigen Rücken. „Wer viel gefragt ist, muss sich eben sputen." Schon griff er den Zügel und ließ die Peitsche knallen. Das Pferd trabte los.
Wolken trieben am Nachthimmel. Hin und wieder war ein Stern zu sehen. Trotz der Finsternis kam Spielkäffer gut voran, und gegen Mitternacht näherte er sich der Iddelsfelder Hardt zwischen Dellbrück und Gladbach. In dieser einsamen Heide liefen sieben Wege zusammen. Er fasste die Zügel straffer.
Fast hatte er die gefahrvolle Kreuzung überquert, als eine Gestalt aus dem Gebüsch sprang und die Einfahrt in die richtige Straße versperrte. Jäh scheute das Pferd, nur mit Mühe hielt es der Spielmann im Zaum. „Wer bist du?" rief er

den Fremden an.
„Ich bin's."
Beim Klang der heiseren Stimme schnaubte der Gaul, hart drängte er rückwärts. Zwischen Schnalzen und beruhigendem Zureden fragte der Geiger misstrauisch: „Und was willst du?"
„Wärst du so freundlich mich ein Stück mitzunehmen, mein Freund? Noch vor dem ersten Hahnenkrähen muss ich in Troisdorf sein."
Der Spielkäffer rieb sich das Ohr. Die krächzende Stimme und das vornehme Gerede passten schlecht zusammen. Dennoch, hier mitten in der Iddelsfelder Hardt, durfte er keine Minute länger stehenbleiben.
„Dann mach da vorn Platz und steig auf."
Ehe er ausgesprochen hatte, saß der Fremde neben ihm.
Der Wagen ruckte, ohne Peitschenknall stob das Pferd im wilden Galopp vorwärts. Zornig riss der alte Mann an den Zügeln. „Verdammte Mähre!" Sogleich trabte das Tier wieder gemächlich dahin.
Bis in den Hals spürte Spielkäffer sein Herz schlagen. Hier war etwas verdreht. Nicht auf ein gutes Wort, auf einen Fluch hatte der Gaul gehorcht!
Aus den Augenwinkeln beäugte er seinen Fahrgast. Hut und Umhang, nichts schien ungewöhnlich. Mit einem Mal rümpfte der Fiedler die Nase. Geruch von Schwefel. Dazu dieser Ekelgestank, mit dem die Wanzen bei ihm zu Haus die Stubenluft verpesteten. o Gott, steh mir bei. Er war's! Der Leibhaftige hatte ihm aufgelauert.
Lauter pochte das Blut. So einfach kriegst du mich nicht! Spielkäffer presste die Lippen zusammen. Jetzt hieß es aufpassen, vor allem durfte er sich nichts anmerken lassen.
Denn der Leibhaftige liebt es nicht, wenn man ihn erkennt.
Schweigend saßen sie nebeneinander. Endlich tippte sein Nachbar ihm auf die Schulter. „Sag, werter Freund. Was hältst du da in deiner Hand?"
Das war die erste Frage. Spielkäffer ließ bedächtig seine Peitsche schwingen. „Also das. Nun ja." Endlich hatte er eine fromme Antwort gefunden. „Tja, dies

ist mein Weihewedel. Hin und wieder teile ich damit einen kräftigen Segen aus."
„Wie überflüssig", seufzte der Böse. „Wie abscheulich."
Er deutete auf den Geigenkasten. „Sag mir, und was liegt da drin?" Seine Hand strich über das glatte Holz.
Was sag ich? Schnell, er musste antworten. „Ein Kreuz", stieß der alte Musikant hervor. „Ja, mein Kreuz. Wenn ich es an den Hals setze und es tüchtig reibe, dann kann ich selbst den ... ", er stockte, „ja, dann kann ich sogar lasterhafte Geister davonjagen."
Als hätte er sich verbrannt, zuckte sein Fahrgast zurück. „Pfui, was du da redest."
Lange herrschte Stille zwischen den beiden. Schweiß rann dem Spielkäffer vom Nacken ins Wams und den Rücken hinunter. Die ersten zwei Fragen hatte er gut überstanden.
Der Finger des Schwarzen fuhr kreisend urn das Mündungsloch der Flinte. „Noch eins, mein Bester. Was ist das für ein Ding?"
Dieser scheinheilige Kerl. Über eine Knallbüchse gab's nichts Gottesfürchtiges zu sagen. Spielkäffer verengte die Brauen, mit einem Mal zuckten seine Mundwinkel. Na warte, vielleicht kriegst du mich doch nicht. „Das ist nur meine Pfeife", antwortete er vorsichtig, „da drin rauche ich meinen Tabak."
„Tabak? Was mag das sein, guter Freund?" Der Heimtückische blies den Fiedler von der Seite an, dass dem Armen der Atem stockte. „In Feuer- und Rauchangelegenheiten kenne ich mich zwar bestens aus. Doch Tabak?" Er schüttelte den Kopf. „So etwas kennt man in meinen Kreisen nicht."
Jetzt oder nie. Entschlossen zügelte der alte Mann das Pferd. Offen blickte er den Schwarzen an. „Ist auch ein ganz seltenes Kraut. Und sehr teuer."
Voller Gier griff der Leibhaftige nach der Flinte, doch Spielkäffer hielt sie fest. „Ich geb nur ungern was davon ab."
„Aber mir doch", entrüstete sich der Fahrgast, „ich bin doch dein Freund."
Davor bewahre mich Gott. Schließlich zuckte der Geiger nachgiebig die Achseln. „Sei's drum. Also meinetwegen. Wenn du Lust hast, dann koste ein paar Züge."

„Du bist zu liebenswürdig."
„Die Pfeife ist gut gestopft." Grimmig lächelnd reichte er ihm seine Flinte. „Nimm das Rohr schon mal in den Mund. Dann geb ich dir Feuer."
Gleich mit beiden Händen packte der Schwarze den Lauf und stopfte ihn tief in den Schlund. Sofort drückte Spielkäffer ab.
Der Knall donnerte durch die Nacht. Eulen schrien in den Bäumen. Fledermäuse flatterten.
Heftig war der Kopf des Schwarzen nach hinten geruckt, mehr nicht. „Du, du ..." sog er die Luft ein und nieste, dass die Wegsträucher davon flogen. „Zum Donnerwetter. Du verdammter Kerl." Jedes höfliche Geziere war aus der heiseren Stimme verschwunden.
Angstvoll rutschte der Fiedler bis zur äußersten Kante der Kutschbank.
Mit der Faust schlug sich der Leibhaftige dreimal in den Nacken. Endlich hatte er die Kugel zwischen den Zähnen und spuckte sie aus. „Bei der Hölle! Dein Tabak ist mir zu stark." Damit sprang er ab. „Kerl, du hast Glück gehabt. Fahr ruhig weiter. Hatte nichts Besseres vor, deshalb wollt ich's mal mit dir probieren. Aber du warst mir zu schlau."
Dieser Schwefelgeruch. Heftiger noch biss der Wanzengestank dem Spielkäffer in die Nase. Gleichgültig, er war davon gekommen. Plötzlich kam ihm das Geziefer in den Sinn. „Eins noch." Mutig wollte er die Gelegenheit nutzen. „Ich hab dir von meinem Tabak gegeben. Jetzt kannst du mir auch einen kleinen Gefallen tun."
Ehe es dem Bösen gelang, den Mund zu öffnen, fragte ihn der Fiedler hastig nach dem besten Mittel gegen Wanzen, Flöhe und Läuse.
Voller Entrüstung tippte sich der Höllenfürst gegen die Stirn. „Meine eigene Familie? Die kleinen Beißer sind meine liebsten Nichten und Neffen." Er grinste hämisch. „Nein, mein Bester. Mich hast du heute überlistet. Das war leider Pech. Aber meine Tierchen, die wirst du niemals los."
Das Gelächter gellte Spielkäffer noch in den Ohren, als der Schwarze längst in der Nacht verschwunden war.
Benommen kratzte er im wilden Haarschopf. Schließlich brummte er: „Abwarten.

Wir werden sehen."
Der alte Geiger straffte den Rücken, fasste die Zügel und ließ die Peitsche knallen.

Lange halt ich das nicht aus.

Im August, am Bartholomäustag, hatte der Spielkäffer zusammen mit einem Freund in Paffrath aufgespielt. Unersättlich war das Tanzvolk gewesen, auch der Lehrer und der Doktor hatten ihre Frauen zur Fiedel und Bassgeige gedreht. Eine frisch gefüllte Bierkanne nach der anderen waren nötig gewesen, um Spielkäffer und den riesigen Baßbernd noch über die Zeit auf dem Tanzboden festzuhalten, und erst am späten Abend, als ihnen vor Trunkenheit die Arme erlahmten, war's endgültig genug.

Die beiden Musikanten hatten ihre Instrumente eingepackt und waren schweren Schritts davongezogen.
Spielkäffer trug den Geigenkasten unter dem linken Arm geklemmt, Bernd schleppte die riesige Basskiste auf der Schulter. Welch ein Rausch! So bestimmt sie auch geradeaus wollten, mal gingen sie hart am rechten, dann gleich wieder am linken Rand der Straße. Erst kurz vor Mitternacht torkelten sie durch Odenthal und folgten dem Lauf der Dhünn in Richtung Osenau.
„Kann nicht mehr weit sein", sagte der hagere Fiedler. „Wenn's nur nicht so dunkel wär. Nach Haus geht's, glaub ich, hier irgendwo übern Berg."
„Weiß ich nicht", brummte Baßbernd, „bin müd."
Ein Lichtschimmer! Spielkäffer rieb sich die Augen. So viel Bier hatte er nun auch nicht getrunken. Kein Zweifel, hoch oben auf der Anhöhe war deutlich ein heller Schein zu erkennen. „Siehst du, Bernd. Da müssen wir jetzt nur noch draufzu, und dann haben wir's bald geschafft."
„Weiß nicht. Bin müd."

Umständlich schob der Alte den riesigen Freund herum. „Da geht's rauf. Bleib hinter mir."

Der Weg war steil. Schritt für Schritt wurden die Beine schwerer. Blieben sie keuchend stehen, wollte Baßbernd sich hinlegen und schlafen, doch der Geiger erlaubte es nicht.

Weiter. Nach gut einer halben Stunde, das Mitternachtsschlagen unten im Tal war längst verklungen, erreichten sie die Höhe. Erschöpft tappten die Künstler auf den hellen Schimmer zu. Am Rand der Waldlichtung hielt Spielkäffer jäh den Freund zurück. Laternen schwankten ringsum in allen Bäumen. Das flackernde Licht erhellte festlich den runden Platz. „Siehst du das?" flüsterte der Geiger.

Frauen in langen, wehenden Gewändern. Wesen von betörender Anmut waren dort versammelt. Einige spazierten, nein, schwebten auf und ab. Andere standen beieinander, richteten sich gegenseitig das Haar, lachten und schwatzten. Doch kein Laut war zu hören.

Spielkäffer rundete die Lippen. Waren es Kleider, oder trugen sie nur Nebelschleier, die ihnen wie lose Gewänder von den Schultern fielen? Durch die zarten Stoffe schimmerte weiße Haut. Andächtig betrachtete der Fiedler jede Bewegung der schlanken Körper. „Siehst du das?"

„Ich weiß nicht. Bin müd." Schon stolperte Baßbernd in das Rund der Lichtung, vergeblich versuchte ihn der alte Mann zurückzuhalten, der riesige Kerl zog ihn mit.

Alle Gesichter wandten sich den Ankommenden zu. Freude leuchtete in den Augen der Frauen auf. Als hätten sie die Musikanten erwartet, liefen sie leichtfüßig näher. Ehe die Männer begriffen, waren sie von den Gestalten umringt, und mit sanfter Gewalt wurden sie bis zur Mitte des Platzes geführt.

Geschickte Finger glitten Spielkäffer über den Kopf, dass sich sein Haar sträubte. Am Arm fühlte er den Druck weicher Brüste, und schmerzhafte Schauer liefen ihm den Rücken hinunter. „Lange halt ich das nicht aus", stieß er zwischen den Zähnen hervor.

Bernd tappte hin und her. „Lasst doch. Bin müd." Vergeblich versuchte er, den

vielen Händen auszuweichen, die seinen Bart zupften und ihm den Hals kraulten. Mit einem Mal traten die schlanken Gestalten erschreckt zurück.
Spielkäffer verengte die Brauen. „Pass auf, Bernd", zischte er halblaut, „jetzt geht's erst richtig los."
Am Rand der Lichtung hatten sich drei Frauen von ihren Sesseln erhoben. Jede der Majestäten trug einen funkelnden Reif im Haar. Lautlos schwebten sie auf die Musikanten zu. Die Schönen reckten ihre weißen Arme und griffen nach der Basskiste.
Bernd schnaubte verärgert. „Lasst los, sonst werd ich ..." So kraftvoll er auch festhielt, lächelnd, ohne Anstrengung nahmen sie ihm die Kiste weg, öffneten sie und drückten dem Verblüfften das Instrument in den Arm. „Ich bin doch müd", brummte der riesige Mann. Spielkäffer ließ erleichtert die Schultern sinken. „Ja, wenn's nur das ist." Kaum richteten sich die glitzernden Blicke auf ihn, hob er die rechte Hand. „Schon gut, schon gut." Freiwillig nahm er Bogen und Fiedel aus dem Kasten. „Kann mich zwar nicht an die Einladung erinnern. Aber ich hab verstanden."
Die Frauengesellschaft lachte und klatschte in die Hände. Kein Ton war zu hören.
Ohne die seltsamen Wesen aus den Augen zu lassen, stellte sich der Fiedler dicht neben den Freund. „Egal, ob du's verstehst", raunte er, „aber besser wir spielen, eh die sich was anderes einfallen lassen."
Baßbernd brummte und nickte. „Meinetwegen."
Entschlossen setzte Spielkäffer die Geige an, lockte den dunklen Ton, seine Finger pressten die Saiten, und rasch kletterten die Töne einmal die Leiter hinauf und hinunter.
„Meine Damen!" verkündete er laut. „Der Reigen."
Während sich die Schweigenden zu Paaren hintereinander aufstellten, murmelte Bernd: „Kenn ich nicht."
„Ganz gleich. Richte dich nach mir." Aufmunternd nickte Spielkäffer ihm zu. „Du zupfst, ich streiche."
Er neigte den Kopf über den Steg. Seine Melodie schwang über die Lichtung,

stieg hinauf ins Geäst der Bäume und ließ die Laternen im Takt auf- und nieder schaukeln.

Mit welch einer Leichtigkeit glitten die Frauen dahin! Welch ein Drehen und Schreiten. Ihre langen, durchsichtigen Gewänder wehten. Kaum berührten die Füße den Boden.

Jetzt forderte der erfahrene Musikant zum Rundtanz auf. Hin und her, mit Schwung im Kreis und hin und her.

„Ein Menuett!"

„Die Quadrille!"

Baßbernd ließ den Arm sinken und schüttelte den Kopf. „Das reicht. Bin müd." Angespannt blickte der hagere Spielmann zu den Frauen hinüber. Doch niemand verlangte, dass sie weiter musizierten. Sanft glitten die drei Majestäten näher und führten ihre Gäste zum Rand der Lichtung. Auf den weichen Sesseln mussten sie Platz nehmen.

Die erste reichte ihnen hohe, tulpenförmige Silberbecher. Die zweite schenkte ihnen ein seltsam schäumendes Getränk ein. Die dritte sah lächelnd zu, während sie tranken.

Baßbernd wischte den Mund. „Kenn ich nicht, aber das schmeckt." Auch der alte Fiedler vermochte sich nicht zu erinnern, jemals solch einen brausenden Wein gekostet zu haben.

Kaum waren die Becher leer, als nachgeschenkt wurde. Immer wieder. Die Nacht kreiste in ihren Köpfen. Beseelt setzten sie die silbernen Tulpen an ihre Lippen, genossen Zug um Zug, nahmen noch einen tiefen Schluck und schliefen.

Vogelstimmen. Der Spielkäffer öffnete die Augen. Über ihm hing ein schwerer, grauer Morgenhimmel. Der Rücken schmerzte. Benommen setzte er sich auf. Um ihn herum lagen ausgebleichte Pferdeschädel. In seiner Hand hielt er einen hohlen Knochen.

Neben ihm schnarchte Baßbernd, den Kopf auf einem riesigen Schädel gebettet.

Was für ein Platz! Spielkäffer stieg der süßliche Gestank in die Nase. Hierher brachte der Abdecker die Gerippe.

Wie waren sie auf diese Lichtung gekommen? Mühsam versuchte der Alte, seine Gedanken zu ordnen. Sie hatten in Paffrath gespielt. Überschäumende Bierkannen. Und nicht nur eine. Spät abends waren sie aufgebrochen. Odenthal. Osenau. Und dann hatte er das Licht auf dem Berg entdeckt.

Spielkäffer kratzte im weißen Haarschopf, schließlich verengte er die Brauen. „Schon gut. Hatte nur zuviel Bier." Diese Erklärung musste genügen.

Er stieß seinem Kollegen heftig in die Seite. Grunzend kehrte Baßbernd aus dem tiefen Schlaf zurück.

„Komm, wir müssen weiter."

„Meinetwegen." Umständlich rappelte sich der breite Kerl hoch. Er schulterte seine Basskiste. Auf dem Weg zum Rand der Lichtung stieß er achtlos einige Pferdeschädel zur Seite.

Spielkäffer grinste und beeilte sich, den Freund einzuholen. „Hast du gut geschlafen?" „Wie immer." „War irgendwas letzte Nacht?" „Was soll gewesen sein? Gespielt haben wir und getrunken. Wie immer", brummte Baßbernd. Nachschmeckend leckte er langsam die Lippen. „Doch. Das Bier. Das war besser als sonst." Der Fiedler fragte nicht weiter. Gegen Mittag erreichten sie Steinbüchel. Beim Abschied versprach Spielkäffer: „Wenn ich dich wieder brauch, dann geb ich Bescheid." Und er ging mit großen Schritten auf Birkenhahnenberg zu.

Die Tierchen wirst du niemals los.

Drei Monate war er unterwegs gewesen. Der hagere Fiedler stand müde auf der Wiese und drohte mit dem Finger zum halbverfallenen Haus hinüber. „Drei Monate habt ihr Zeit gehabt zu verschwinden. Wehe, wenn ich noch eins von euch Biestern entdecke." Er straffte den sehnigen Rücken und betrat die Stube.

Es roch nach Wanzen!

„Das kann ja sein", beruhigte er sich, „wenn ich gut lüfte, sicher werd ich den Gestank auch noch los."

Prüfend schlug er auf das Federbett. Nichts hüpfte. Sehr gut.

Der Spielkäffer war viel zu erschöpft, um das bunte Wams abzulegen, so wie er war, sank er aufs Bett, dachte noch zufrieden, dass der Zauber gegen das Geziefer gewirkt hatte und schlief ein.

Von den Gräbern rollten die Steine. Gerippe stiegen aus der modrigen Erde. Neben ihm saß der Teufel auf der Kutschbank. „Mein Freund", säuselte die heisere Stimme. Lüsternde Wesen umringten ihn. Durch die Gewänder sah er ihre weißen Schenkel und Brüste. Auf ihren schlanken Hälsen wackelten ausgebleichte Pferdeschädel. „Du wirst die Tierchen niemals los", lachte der Leibhaftige, steckte sich die Mündung der Flinte in den Schlund und drückte ab.

Jäh fuhr Spielkäffer im Bett hoch und schlug sich heftig den Nacken. Ein Biss. Seine Finger fuhren zum Hals. Auch da. Auf der Brust, an den Beinen, die Pein war wieder überall! Er kratzte, schlug und rieb. Vergeblich. Das Jucken quälte ihn am ganzen Körper.

Der Alte sprang aus dem Bett, hüpfte in der Stube umher. Blutgieriger als jemals zuvor war das Geziefer über ihn hergefallen. Auf und ab schabte er den Rücken an der Wand. Es brachte keine Linderung. Mit beiden Händen wühlte und zerrte er in der Haarmähne.

Plötzlich hielt er den Atem an. Der klare Gedanke stand leuchtend vor ihm. „Diesmal schaff ich es."

Ruhig brachte der Spielkäffer sein Bündel und den Geigenkasten nach draußen. Er häufelte viel Stroh an die Wände des halb verfallenen Hauses.

Seine hellen Augen brannten, während er Funken in den Schwamm schlug und die Glut blies, bis er den Span entzünden konnte.

„So wird's gemacht", lachte er grimmig und legte Feuer an allen vier Ecken. Die Flammen züngelten im Stroh, leckten an den Wänden hinauf, bald brannte sein Haus lichterloh.

„Feuer!" Aus dem Bauernhof, aus allen Türen von Birkenhahnenberg kamen die Leute gelaufen und brachten Wasser. Sie erreichten die Wiese und blieben wie angewurzelt stehen.

Der Spielkäffer tanzte hüpfend und fiedelnd um das brennende Haus, dazu sang er: „Wenn das nicht gut gegen die Beißer ist, zeig Teufel mir 'ne bessre List."

Kaum sah er die Helfer, setzte er den Bogen ab. „Freut euch mit mir." Er zeigte auf die Flammen. „Ja, so wird's gemacht."

Damit neigte er wieder den Kopf leicht über den Steg der Geige und strich eine triumphierende Melodie. Vor den Augen der fassungslosen Nachbarn tanzte er weiter und sang seinen Vers.

Erst als Dach, Wände und Balken in der glühenden Asche versunken waren, hielt der Spielkäffer inne. Er verschloss die Fiedel im Kasten, klemmte ihn unter den linken Arm, nahm sein Bündel und ging wortlos davon.

Nachwort

Die Trümmer und Mauerreste des verfallenen Ritterguts ragten schwarz gegen den Himmel. Unermüdlich hatte die alte Bäuerin Feuerholz gesammelt und auf dem ehemaligen Vorplatz der Burg zusammengetragen. Das Abendläuten schwang von Refrath herüber. Mit einem Mal brach das Vogelgezwitscher ringsum in den Bäumen ab. Verwundert blickte die Bäuerin über den Vorplatz, nichts war ungewöhnlich, dann hob sie die Augen. Den Mund weit aufgerissen, erstarrte sie. Über dem halb abgebrochenen Mauerbogen des Burgtores stand, nein, die Füße berührten nicht den Stein, dort schwebte reglos ein Mann! In dem wachsbleichen Gesicht züngelten Flammen aus den Augenhöhlen.
„Der Kipphäuser!" stammelte die Bäuerin. „Er geht um, als wenn er noch lebt. Der Kipphäuser ist wieder da!"
Mit dieser Sage zeichnet Tilman Röhrig ein Bild des Aberglaubens, fest im Alltag früherer Zeiten verwurzelt. Nicht allein das Denken der einfachen Menschen wurde so beherrscht. Kirche und weltliche Organe, bis hinauf zu Papst und Kaiser, waren von der Existenz wie auch vom direkten Eingreifen dämonischer Mächte in das menschliche Leben überzeugt.
„Glaubt mir doch, wenn ihr ihn nicht berührt, kann er euch nichts mehr anhaben. Ein Wiedergänger ist ein Verdammter ohne Macht!"
Diese Erklärung des Pastors kann die entsetzten Menschen von Refrath im Bergischen Land nicht beruhigen. Qual, Unterdrückung und Elend. Zu tief hat sich die Schreckensherrschaft des erbarmungslosen Kipphäusers in das Bewusstsein eingegraben. Mit seinem Tod endet ihre Angst nicht. Der Furchtbare kommt als „Lebender Leichnam" zurück.
„Er wird umgehen bis zum Jüngsten Tag."
Das Wiedergehen wird beim Kipphäuser als Strafe für ungesühnte Verbrechen, als ewige Verdammnis erlebt. Diese Vorstellung ist im Volksglauben weit ver-

breitet. Sie wird getragen von der Hoffnung auf Gerechtigkeit und auf Sühne, vielleicht auch von dem Wunsch und dem Willen, selbst ein sozial vertragliches Leben zu führen.

Die Überlieferung ist reich an solchen Erzählungen des Aberglaubens. Sie entwickelten sich aus dem Erstaunen über eindrucksvolle, auch seltene und naturgesetzlich unerklärte Phänomene. Die Wirkung und Wahrnehmung solcher Erscheinungen befremdete und verunsicherte, zwang zu Erklärungen und Begründungen, welche die Menschen im Glauben an dämonische Kräfte und Wesen fanden. Die Versuche, die Wirklichkeit zu verstehen, festigten sich zu übersteigerten Anschauungen. Sie ergriffen das alltägliche Leben und wurden zur Erinnerung und Mahnung vermittelt und tradiert.

Seit jeher überschreiten Menschen die Grenzen des Rationalen bis hin zum Mythischen und Magischen. Dieses Weltbild birgt in sich die Tendenz, sagenhafte Geschichten zu erzählen, die sich im Laufe der Zeit zu Sagen und - im christlichen Umfeld - auch zu Legenden formen können. So ergeben sich vielfältige Varianten durch historische und kulturelle Einflüsse, landschaftliche und klimatologische Charakteristika, durch sozial und psychologisch spezifisch geprägte Lebensweisen.

Vermag das die nüchterne Geschichtsschreibung sichtbar und erlebbar zu machen?

Wie eindrucksvoll und typisch für die bergische Region spiegelt sich das Leben und Erleben der Menschen in Sagen und Legenden. Die Ratinger, verwurzelt in ihrer Tradition, verweigerten sich den frommen Reden des Suitbert, erst durch leidvolle Erfahrungen lernten sie, ihre Hartnäckigkeit zu überwinden; der Schmied von der Kohlfurth half wie selbstverständlich den Zwergen; Dalwigh von Unterbach machte sich durch das Festhalten am überlieferten Recht zum Gespött seiner adeligen Gesellschaft, gewann aber dennoch.

Das Bergische Land, das sind die Herzogtümer Jülich, Kleve und Berg, stand oft genug als „Land im Mittelpunkt der Mächte". Aber die Berger blieben sich treu, ihrem Land immer zugetan. Kraftvoll und zielstrebig gestalteten sie ihre Heimat auf ihre Weise. Im Miteinander und Füreinander hatte ein jeder sich zu bewähren. Der harte Alltag prägte sie, ohne dass sie ihre Findigkeit und ihren Humor verloren, ähnlich dem Flickschneider Gottlieb, der die gierigen „Erbschleicher von Elberfeld" um ihre erhofften Pfründe brachte.

Die Sagen und Legenden, die Erzählungen der bergischen Heimat wurden erstmals Anfang des vorigen Jahrhunderts von Vincenz von Zuccalmaglio, der sich später bezeichnend „Montanus" nannte, aufgeschrieben. Franz Leibing (1868) und Otto Schell (1897 und 1905) sammelten Neues und variierten Vorhandenes. Bereits in den 1920er Jahren schrieb Gottfried Henßen seine Dissertation über die „Bergische Volkssage". Engagiert widmete sich Otto Kaufmann der Volkskunde. Und wie wichtig sind die zahlreichen, verstreut erschienenen Beiträge zu einzelnen, lokalen Geschehnissen und Lebensweisen, die fundiert erarbeitet wurden. All denen ist zu danken, die geholfen haben, das Bergische zu öffnen.

Das Überlieferte diente Tilman Röhrig als Kern. Er gestaltete nach umfangreichen Recherchen und intensiven Quellenstudien neue Erzählungen von hoher literarischer Qualität. Sein Weg durch die Geschichte des Bergischen Landes führt zu Leibeigenen und Rittern, zu Mägden und Handwerkern, zu Teufelswetten und Spielern, zu Mönchen und Herrschern. Altenberg, Schloss Burg, Düsseldorf, Ratingen, Barmen und Elberfeld, Bensberg, viele andere Städte und Landschaften sind die Schauplätze jener Ereignisse, von denen die Menschen des Bergischen Landes bis in die heutigen Tage immer wieder erzählen.

„Liegt nicht so faul da rum. Auf! Ihr Faulenzer! Jetzt spiel ich euch den Hupf!" Spielkäffer, der berühmte Musikant des Bergischen, fordert fiedelnd und hüpfend zum Tanz. So beschließt Tilman Röhrig seinen Reigen.

Prof. Dr. Peter Conrady

Literaturverzeichnis

Bendel, Johann: Heimatbuch des Landkreises Mülheim am Rhein. Köln-Mülheim 1925 (Faks. 6.1981)
Bouterwek, Karl Wilhelm: Swidbert, der Apostel des bergischen Landes. Elberfeld 1859
Cäsarius von Heisterbach: Wunderbare und denkwürdige Geschichten aus den Werken. Ausgewählt, übersetzt und erläutert von Alexander Kaufmann. Köln. 1.Teil =1888; 2.Teil = 1891 (= Annalen des Historischen Vereins für den Niederrhein, insbesondere die alte Erzdiöcese Köln, 27. Heft + 53. Heft)
Düsseldorf. Geschichte von den Ursprüngen bis ins 20. Jahrhundert. Hg. *Hugo Weidenhaupt.* 4 Bd. Düsseldorf 1989/90
Freytag, Gustav: Bilder aus der deutschen Vergangenheit. 5 Bd. Leipzig, 71. Aufl. 1922
Hashagen, Justus /Narr, Karl J. /Rees, Wilhelm /Strutz, Edmund: Bergische Geschichte. Remscheid-Lennep 1958
Henßen, Gottfried: Neue Sagen aus Berg und Mark. Vom Dönberg und Deilbach. Elberfeld 1927
Henßen Gottfried: Bergische Märchen und Sagen. Volkserzählungen. Münster 1961
John, Alois: Sitte, Brauch und Volksglaube im deutschen Westböhmen (= Beiträge zur deutsch-böhmischen Volkskunde, VI. Band). Prag 1905
Kaufmann, Otto: Oberbergische Volkserzählungen. In: Rheinisch-Westfälische Zeitschrift für Volkskunde.
I.   Berichte über Hexen und Hexenmeister. 7 (1960)
II.   Berichte über Besprecher, Zweites Gesicht und dämonische Tiere. 8 (1961)
III.   Volksglaube und Berichte über Teufel, Aufhocker, Mahre, Wiedergänger, Geister und Matthiasnacht. 9 (1962)
IV.   Volksglaube und Berichte über Werwolf, Wilden Jäger, Irrlichter und Zwerge. 12 (1965)
V.   Schwänke und Streiche. 14 (1967)
Klosterleben im Mittelalter. Nach zeitgenössischen Quellen, hg. v. *Johannes Bühler* (1923); neu hg. v. *Georg A. Narciß,* Frankfurt 1989
Kraus, Thomas R.: Die Entstehung der Landesherrschaft der Grafen von Berg bis zum Jahre 1225. Neustadt 1981

Kroeschell, Karl: Deutsche Rechtsgeschichte. 3 Bd. Opladen, 10. Aufl. 1992
Kyll, Nikolaus: Das Christophergebet. In: Jahrbuch für Geschichte und Kultur des Mittelrheins und seiner Nachbargebiete. 1 (1949), 5.71-77
Land im Mittelpunkt der Mächte. Die Herzogtümer Jülich, Kleve, Berg (= Ausstellungsband Kleve 1984 + Düsseldorf 1985). Kleve 1984
Leibing, Franz: Sagen und Märchen des Bergischen Landes. Elberfeld 1868
Lomberg, August: Bergische Heimatbücher. Elberfeld 1922
1. Schöne alte Kinderlieder, Rätsel und Sprichwörter
2. Heimatliche Sagen
3. Schwänke und Schnurren
4. Bilder aus der bergischen Geschichte
Montanus (d. i. Vincenz von Zuccalmaglio): Die Vorzeit der Länder Cleve-Mark, Jülich-Berg und Westphalen. Solingen/Gummersbach, 2. Auflage. Bd. 1 = 1837; Bd. 2 = 1839
Montanus, in Umarbeitung hg. v. Wilhelm von Waldbrühl: Die Vorzeit der Länder Cleve-Mark, Jülich-Berg und Westphalen. Elberfeld, 1. Bd. = 1870; 2. Bd. = 1871
Schell, Otto: Bergische Sagen. Reprint der Ausgabe von 1897. Remscheid 1978
Scheu, Otto: Neue Bergische Sagen. Elberfeld 1905
Scheu, Otto: Bergische Volkskunde. Elberfeld 1924
Schwarze, Wolfgang: Wohnkultur des 18. Jahrhunderts im Bergischen Land (300 Bilder). Wuppertal 1986
Simrock, Karl: Rheinsagen aus dem Munde des Volkes und deutscher Dichter. Bonn, 2. Aufl. 1837
Spitz, Johann Wilhelm: Rheinischer Sagen- und Liederschatz in Volksgeschichten, Legenden und Mythen. Düsseldorf /Köln 1843, Bd. 1+2 Zeitschrift des Bergischen Geschichtsvereins Zeitschrift ROMERIKE BERGE

Ebenfalls im Programm des Regionalia Verlages

Tilman Röhrig
Sagen und Legenden aus Köln

Erinnern Sie sich an die Heinzelmännchen oder Richmodis' Schimmel? Diese und andere alte Bekannte kann man im vorliegenden Buch wiedertreffen, aber bestimmt auch neue Freunde finden.

Lassen Sie sich von Tilman Röhrig mit seinem feinen Gespür für Unglaubliches und Legendäres in die Welt der Kölner Sagen und Legenden entführen. Röhrigs Erzählkunst verwandelt die bunte Fülle der Geschichten in pure Lesefreude!

ISBN 978-3-939722-23-6

3. Auflage
160 Seiten
Format: 16,5 x 19,8 cm
Gebunden
€ 7,95

Christiane Flock
Sagen und Legenden vom Rhein

Von der Quelle bis zum Mündungsdelta des Rheins erzählt man sich seit Jahrhunderten die abenteuerlichsten Geschichten. Kaum ein Strom inspirierte die Menschen in solch einem Maße zu Sagen und Legenden, die sich um die geheimnisvollen Uferlandschaften, die Burgen auf den Höhen oder die altehrwürdigen Städte drehen.

Dieses Buch vereint 27 bedeutende Sagen und Legenden entlang des gesamten Rheinlaufes. Begegnen Sie Rittern und Heiligen, Jungfrauen und tapferen Handwerkern, Drachen, Kobolden und dem Teufel selbst!

ISBN 978-3-939722-60-1

160 Seiten
Format: 16,5 x 19,8 cm
Gebunden
€ 7,95